SHIN SPIRITUAL
シン・スピリチュアル

MAI KAWABE
かわべまい

VOICE

はじめに

はじめまして。かわべまいと申します。

皆さん、突然ですが、「スピリチュアル」という言葉を聞くと、どんな印象を感じ、何を思い浮かべますか？

まず、「怪しい」「宗教みたい」「変な壺を買わされそう……」と思われる方は、この本を開いてすらいないと思いますが……。

私は普段スピリチュアルなことや宇宙の法則をわかりやすくお伝えしながら、魂のままに生きて人生が100倍輝く講座や起業塾を主宰しています。

2020年からInstagramやYouTubeで発信をさせていただき、有り難いことに短い期間で総フォロワー3万5000人を超える多くの方々にフォローやご愛顧いただいて、今回こうしてご縁をいただき、本を書くことになったのですが、私がこの本を通して何を伝えたいのか、何を伝えられるのかを考えたときに、前から「スピリチュアル」というものに対して、すごくすごく葛藤を感じていた部分があったので、まずはそれをお伝えしたいと思います。

「スピリチュアル」と言えば、もしかしたら「なにか視えない高貴な存在とつながって声が聞こえたり、メッセージや啓示が降りてくる」という、いわゆる視えたり、聞こえたりする特殊な能力を授かり、「その力を使うことで、人生に奇跡が起きて、夢が叶《かな》って、お金も入って、なりたい自分になれる……!!」というような魔法みたいなイメージをされる方が多いのではないかと思います。

でも実際、スピリチュアルな力を手に入れて、たくさんいいことを引き寄せて人生がめちゃくちゃ好転した～!! という方は、どれぐらいいるのでしょうか。

今スピリチュアルを学べる講座やセミナーがたくさんあり、YouTubeでも発信している人がたくさんいますよね。右を見ても、左を見ても、神さまの声が聞こえる人や視える人が溢《あふ》れています。

また良くも悪くも、インターネットやスマートフォンで簡単に情報を手に入れることができる時代になっていて、スピリチュアルや引き寄せについても簡単に学び、実践することができるようになっています。

ただ同時に、だからこそ、「言われた通りにやっているはずなのに、できない」、「人生を変えたいのに、変わらない」といった悩みを持っていたり、どうやったら画面の向こうでキラキラしているあの人のように、なりたい自分や、理想の未来を引き寄せられるのかと。たくさんの情報をインプットして、それでも試してはまたダメで……と。逆に、スピリチュアル難民、スピリチュアルジプシー（あっちの先生が良いと思っては行って、次はこっちの先生が良いとなったら移っての繰り返しの人の総称）になってしまっている人も多いのではないでしょうか（実は私もそういう経験があります）。

それだけで済めばまだしも場合によっては、冒頭に書いた、壺とは言わないまでも、「あなたのことがまだ駄目だから、もっとこうしたら、こうなれる」という口車に乗せられて、超高額な商品を買わされたりして、結局また何も変わらなかった……など。

「救われたい側」と「救うように見せる側」

これは、売る人とそれを希望して買う人がいるから、ビジネスとして問題なく成立しているという人も中にはいますが、しかし果たして「それでいいのだろうか」と。

それが、私が「スピリチュアル」という世界の中で発信している人たちの側と受け手側の人たちに対して抱えている、ひとつ目の葛藤です。


「スピリチュアル」というもの自体は、決して悪いものではありません。

しかしスピリチュアルに興味があって学んでみたけど、まったく現実に生かせていない人があまりにも多く、実際に伝え方ややり方が悪いせいで、その結果、人生を好転させることができている人は、ほんの一握りです。

だからこそ、そういったビジネスが永遠に成り立ってしまう。


繰り返しになりますが、スピリチュアル自体は決して悪いものではありません。

私自身はスピリチュアルを学べば学ぶほど、知れば知るほど、地に足がつき、現実を豊かに生きられるようになっていきました。

そして何より過去ダメダメだった自分。自身の生まれと育ちから愛着障害を抱え、結婚してもすぐに離婚して、財布に500円のお金しかなく、欲しいものも何も買えないみじめな自分。再婚をしても、モラハラ全開の夫。

そんなどうしようもなかった自分が、「本来あるべきスピリチュアル＝シン・スピリチュアル」を学んで実践していく中で、モラハラ夫を神夫に変え、今では家族円満。起業家としても、世間一般で言われる大成功を収めることができました。

今ではむしろスピリチュアルを学ぶ前の方が、現実に翻弄されて、フワフワしていたように思います。

本来のスピリチュアルというものは決して依存させるものではなく、地に足がついて本来の自分らしく現実を創造していける、そのようなものなのです。

先ほど、「本来あるべきスピリチュアル＝シン・スピリチュアル」という言葉を使いましたが、本書では、決してこれまでのスピリチュアルのあり方そのものや学び方、やり方を否定するわけではありません。

もしこれまで、スピリチュアルを学んでこられて何も変わらなかったという方の場合でも、それはあなたが悪いということや、そういう運命だからということを、伝えたいわけでもありません。

それらはすべて、〝あること〟をすっ飛ばして、手法に走ってしまっていることが原因なのです。

この本では、従来のスピリチュアル的な用語やあり方から、それらをうまく活用し機能させていくための、〝あること〟について、お伝えをしていきたいと思います。

それこそが、「本来あるべきスピリチュアル＝シン・スピリチュアル」です。

それともうひとつ。先ほど少し触れましたが、スピリチュアルと聞くと「怪しい」「宗教みたい」というイメージを持っている方がまだまだ多いのが現実です。

私は普段SNSで発信をしていますが、

「頭がおかしいんじゃないのか！　病院に行け！」

こんな辛辣なコメントがたまに入ってきます。

実は海外での「スピリチュアル」と日本での「スピリチュアル」の使い方、イメージ、言葉の持つ意味がまったく違います。

かんたんに情報が取れて学べるようになったからこそ、上辺だけのスピリチュアルにハマり、現実逃避をしてフワフワしているように見えてしまう人も少なくないのも事実です。

ただ、これからの時代はみんながそれぞれのスピリチュアリティを高め、魂のままに生きていくことが本当に大事になっていきます。

少しでもたくさんの方が生きやすい世の中になり、穏やかで幸せに満ちた人生を送れるように、私は日本での「スピリチュアル」のイメージを変え、本質を伝えていきたいと思います。

この本を読み終わる頃には、フワフワしたスピリチュアルではなく、本来の「スピリチュアル」とはなんなのか本質を捉えられていて、引き寄せなんて当たり前に起きる人生に変化していくでしょう。

かわべまい

目次

第3章 魂を超覚醒させる方法

最終章 シン・スピリチュアルと風の時代

第1章

父の愛を求めて

幼少期の記憶
――今でも忘れられない言葉――

シン・スピリチュアル。

本題に入る前に、まず私がどういう人生を歩んできて、スピリチュアルと出会い、そして人生を変化させてきたのかお話しさせていただきます。

私は1986年に兵庫県神戸市で生まれました。6つ下の弟と両親と4人家族です。

それだけ聞くと、一見普通の家族に見えますが、実は私の家庭には少し複雑な事情がありました。

私が生まれた時には、実は父と前妻のあいだに娘が2人いたのです。

そのことを初めて聞いたのは、私が小学生になる頃だったと思います。

当時の世間一般で見れば一見複雑な家庭環境ですが、幸せな記憶や愛されていたんだなという事実もあり、私はこの家庭環境の件で父と母に何か思ったことは一度もありません。むしろ2人の間に生まれて本当に良かったと思っています。生まれ変わってもまた2人の子どもとして生まれたいと思っているぐらい、大好きだし、ここまで育ててくれたことに感謝しています。

ただ、ただ、ただです。

今ではこうやって思えていますが、昔は父のことが嫌いでした。厳密に言うと、「苦手だった」という方が適切かもしれません。

昔の記憶は曖昧なのですが、ひとつだけ鮮明に覚えていることがあります。

小学校4年生の頃、父が使っている引き出しを何気なく開けると、そこに手紙が入っていたのです。読んでみると、異母姉妹からの手紙でした。

「おとうさん、いつもしごとがんばってくれて、ありがとう」といった内容でした。

私はこれを見た時、心がズキッとしました。


この手紙を読んだ瞬間、「なんでこの人たちは、こんなにも普通の親子の会話ができるの？　どうして私にはできないの？」と悲しくなりました。

小さい頃父とコミュニケーションがとれていなかったせいか、親子なんだけどどこかよそよそしい、というか、二人きりになるなんて居心地が悪くて仕方ありませんでした。

そのこともあってか、その手紙を読んで、「私はお父さんに愛されていない」そう思ってしまったのです。

父は父なりに大事に育てて、愛してくれていたのに私が勝手にそう感じてしまったのです。


よくある典型的なインナーチャイルドの誕生です。

スピリチュアルに興味がある人やスピリチュアルを学んでいる人は、「インナーチャイルド」と聞けば馴染みがある言葉かもしれませんが、改めてインナーチャイルドを説明すると、直訳すると、「内なる子ども」。幼少期の家庭環境で、傷ついた負の感情のことを指します。この負の感情を昇華させずに自分の中に溜《た》め込んでしまうと、トラウマとなり後の自分の感情をうまくコントロールできなくなったり、後の人生に大きな影響を与えてしまいます。

人間は大人になるにつれて身も心も成長し、その中での家庭環境や人との関わりによって、様々な学びと成長を経て、社会生活や人間関係を円滑に進められるようになります。

しかしかつての私のように、幼い時に家庭環境や親子関係でトラウマを抱えてしまうと、考え方や思考が熟成せず、子どものような考え方のままで、社会生活を送ることや人間関係を築くことに無闇に軋轢《あつれき》を生じさせたり、その結果、生きづらさを感じるようになったりします。

このインナーチャイルドがこの先の私の人生の舵《かじ》を握り、意思決定していたのだと今ならよくわかります。

「私は愛されていない」

この勝手な思い込みのおかげで、恋愛を拗《こじ》らせ、青春時代はまともな恋愛ができてなかったと思います。

10代の頃は誰かとお付き合いしても、自分自身が愛されているのか、勝手に不安になって相手の愛情を試すようなことをしたり、わがままをどれだけ聞いてくれるか試したり。

恋愛をゲームみたいな感覚で繰り返し、「相手が自分のことを好きになったら、飽きて離れる」という、クズと言われても仕方のない仕上がりになってしまいました。

それでも20代になった当時、ずっと好きで好きで仕方なかった人がいて、その人と24歳で授かり婚をしました。親に反対されましたが、押し切って結婚しました。

ただ当時お金もなく、後先考えずに一緒になった、20代前半の男女だった私たち。

結局自分たちで生計を立てていく目途も立たなかったため、私たち家族3人と、義母、義妹の家族（夫と子ども）3人の計7人で同居をすることになりました。

……はい。ご想像の通り、こんな精神状態とこんな行き当たりばったり状態で、人生がうまくいくわけがありません。

即、とは言わないまでも、結婚生活は5年で破綻。

しかし今思えば、原因が当時の夫にあったわけでも、同情されがちな同居生活にあったわけでもありません。

原因はただ、ただ、私のインナーチャイルドにありました。

義母も義妹も、決して私たち夫婦の生活に干渉してこないタイプだったし、かなり恵まれた同居だったと思います。

ただ当時の私は気が立ちっぱなしで、小さなことひとつひとつに過敏に反応していました。初めての育児で勝手がわからず、ストレスMAXなのに、夫は仕事で帰りが遅く、ほぼワンオペ育児。

その当時は私の周りで結婚して子どもを授かっている友達が全然いなくて、みんな20代後半をエンジョイしていたのが、また羨ましかったことを覚えています。

ちょうど遊び盛りの時に、家事・育児で頭がおかしくなりそうでした。

余計にストレスが溜まり、そうなると、なおさら仕事で帰ってこない夫にイライラが募っていきました。私がカリカリキリキリしていたので、帰ってきたくなかったのでしょう（笑）。そうなると、またイライラが増幅し、さらに帰ってこなくなる……という悪循環。

このぶつけようのないいらだちを当時の私は、ただでさえお金がないのにクレジットカードを使って買い物をして、ストレス発散していました。

しかし気づいたら請求額が100万円を超えていて、家計は火の車！

結局返せなくなって滞納してしまい、督促状が義実家にじゃんじゃん届いていました。でもストレスは溜まる一方で、そのストレスから十二指腸潰瘍になったり、バセドウ病を発症したり、本当に散々でした。

なぜこんな人生になってしまったのか。後悔ばかりしていました。

もちろん今では子どもを産んだことは良かったと思っていますが、その時の私にはそんなことを感じる余裕がありませんでした。いつ切れるかわからない糸を保つのに必死で、自分のことばかりになっていたと思います。

「お金がないのも夫のせい」
「こんな生活をしなければいけないのも夫のせい」
「同居でしんどい想いをしているのも夫のせい」
「毎日辛いのも夫のせい」

その時の私はなんでも人のせい。自分がすべて正しくて、自分以外全員敵だと思っていました。

夫に対して感謝なんてまったくしていなかったし、「なぜ理解してくれないのか」「私のことわかってよ!!」と、最早呪いのレベルで、いつも怒りをぶつけていました。

今考えたら恐ろしいですね。これだけ毎日のように呪詛《じゅそ》の念や言葉を飛ばし続けるのですから、知らない間に黒魔術を使っていたのと同じだと思います。

「出したエネルギーが自分に返ってくる」

だから病気にもなるし、人生も悪い方へどんどん進んでいったのです。

そんな結婚生活がうまくいくわけがないですよね。5年ほど経った頃、ついに離婚することになりました。

夫も限界だったのでしょう。しかし、そこで揉《も》めたのが子どものこと。どちらが引き取るかという話で、子どもが父親と住みたいというので、離れて住むことに決めました。

私も子どもを引き取って育てたい想いはあったのですが、まだまだ私が未熟だったため覚悟ができませんでした。今よりもっと生活が苦しくなって、自由がなくなって、「この子さえいなければ……」なんて思う日が来るかもしれない、そう思ったら怖くなり、引き取る決断はできませんでした。

離婚が成立してから別居をしていて、夫が子どもを迎えに来る日。

今もこれを書きながら泣けてくるほど、その時のことをよく覚えています。

子どもの服や荷物を段ボールにつめて、子どもが家を出ていった日。エレベーターの扉が閉じるのをこの目で確認したあと、なんてことをしてしまったんだと、後悔の波がグワーっと押し寄せてきました。なにがなんでも手放すんじゃなかった。私の人生において、自分で自分のことを一番恨んだ日でした。

そこから鬱になってしまい、強めの睡眠薬がないと眠れないし、起きていると自分を責めて死んでしまいたくなるので、仕事がない日は朝から晩まで寝ていました。ひとりになるのも怖くて常に誰かといるか、寝ているか、仕事をしているかのどれかでした。

スピリチュアルを知り、スピリチュアルでうまくいかなかったとき

毎日つらくて、つらくて、とにかく自分を責めて、時が止まったかのように、この世界で私はひとりきりだと感じていました。ただ私は幸せになりたかった。けどどうしていいのかわからない。これからどう生きていけばいいのかわからない。誰かに気づいてほしかったんです。誰かに助けてほしかったんです。

自分が何のために生きているのかもわからず、思考ばかりがグルグルグルグルグル行き交う中、ふと、「私はなんのために生まれてきたんだろう?」と自分の生まれてきた意味が気になり始めました。

そこからネットでいろいろな情報を調べてみたり、占いに行ってみたり。

神さまというものがいるとしたなら、どうして私にだけこんな不条理な現実ばかりを押し付けるのか？　どうして救ってくれないのか？　その逆に、何も苦労していなさそうな人が、私以上に幸せそうにしているのはなぜなのか？

とにかく、今の自分の不条理な現実に対して、なにかしらの答えが欲しかったのです。自分の「命」に対して何らかの意味が欲しかったのです。

様々な情報を検索し、いろんな本を読んで、そこで出会ったのが「スターシード」という言葉でした。

「スターシード」とは、インナーチャイルドと同じく簡単な説明をさせていただくと、元は地球以外の惑星に存在していた魂であり、地球をより良い方向に導くために地球へ転生してきた存在のことです。

元々地球に存在していた魂ではないため、また地球を良くするという目的を持って生まれてくるため、「不遇な環境に置かれることが多い、心身の調子を崩しやすい、宇宙に関心が強い、孤独を感じやすい、睡眠障害に悩まされやすい」など、様々な特徴があるといわれています。

これらを知って、当時の私は単純かもしれませんが、「生きづらさを感じているのは、スターシードだからなんだ！」と納得がいき、そして気持ちが少し楽になって救われました。

なぜかすごくワクワクして、スターシードについて調べまくり、その流れでスピリチュアルを学び始めたのです。

もし本当に私がスターシードなら何か重要な役目があって、わざわざ生きづらいこの地球に生まれてきたのかもしれない。

そう思い、「視える、聞こえる、特別な能力を授かりたい、スピリチュアル能力を開花させたい！」と、エネルギーワークやチャネリングやアカシックリーディングを学び始めました。


……しかし。

こう書くと最早予測できると思いますが、これで人生が激変したかと言えば、決してそんなことはありませんでした。

むしろスピリチュアル界（スピリチュアルとは言いません。スピリチュアル界の、ですっ）の罠《わな》、スピリチュアルのドツボにハマっていったのです。

どれだけ本を読んで実践してみても、時折これはメッセージなのか？　という閃《ひらめ》きはありましたが、でも能力がパッカーンと開花したような感覚はありませんでした。

それに、目の前の現実も昔の自分と何ら変わりはありません。

神さまからの啓示を受けて、スピリチュアルを学べばもっと体感でわかるくらいに能力が開花する、と思っていたので拍子抜けです。

私の想像ではスピリチュアルを学べば、「高次元の存在が目で視えるようになって、人のオーラも視えるようになって、相手を見ただけで何もかもわかったり、ハイヤーセルフや守護霊とお話ができて、お告げがもらえて、人生激変！　思い通り！」と思っていたのですが、姿形なんて何も視えやしないし、オーラも視えない。

今思えば、この視える・聞こえる能力を持っている人は特別でなにもない自分は特別ではないと思っていたし、「特別な自分」でありたかったのです。

「スピリチュアルを学んで特別な能力を授かって人生変えるんだ！」と思って学びを始めましたが、結局そんなことが起きるわけもなく、何も人生が変わらないまま時間だけが過ぎていきました。

能力が開花した体感もなければ、できている体感もなかったので、学んだことを日常で使うこともありませんでした。

でも、スピリチュアルを仕事にしている人の発信を見て羨ましいなぁ、私もあの人みたいに特別になりたい、と感じて、そこからまたスピリチュアルを学んでみたけど、やっぱりよくわからない。ついには、私には才能がないんだと思いました。でもどこかで「特別な私」に憧れがあって、その想いが拭いきれなかったんです。漠然とした感覚なのですが、自分に落胆している反面、「私はこんなもんじゃない。ここで終わるはずがない」と小さな炎が燃えていたのです。

だからこの能力を開花するためにもっと学べばいい、今の状態じゃ足りないんだ！ と感じ、さらにスピリチュアルを学ぶために、さらなる高額な費用を出すことになったり、あっちの先生が良いとなったらそっちに行って、次はこっちの先生が良いと聞くとそっちに行って、まさしくこの本の冒頭に書いた「スピリチュアル難民、スピリチュアルジプシー」状態にも陥りました。
この時の私には、冒頭にも書いていてこの後登場する、人生を変えるために必要な〝あること〟が欠けていて、足りないものを埋めようとまさしく小手先の手法にだけ走っていました。

結果、スピリチュアルを学び始めて数年が経っても、収入が増えて生活レベルが変わって、人生が激変!! なんてことはなく、むしろ、お金は減っていく一方でした。
ただひとつ変化があったとしたら、再婚して子どもを授かったことくらい。それでも相変わらずお金はないし、家計は火の車。親にお金を借りたり、食材の援助をしてもらって、なんとかやりくりしていました。

再婚した夫は転職を繰り返し、給料は下がっていく一方の中、私にとっては3人目となる子を授かりました。初めての女の子です。私はずっと女の子が欲しかったので、嬉《うれ》しくてたまりませんでした。

でも家計状況は悪化の一途を辿《たど》り、もうどうやって生活していったらいいのか……離婚して児童扶養手当をもらいながら働いた方がマシじゃないのか？　生活保護をもらうか？　いろんなことを考えました。

スピリチュアルを学んで良くなるどころか、肌感覚としては、もっと惨めになって、よりひどくなっているんじゃないかと思ったのを覚えています。

なにか人生を変えるような一手を打たなければ！　人生が劇的に変化するような行動をし、ドリームを摑《つか》んでやる！　その意気込みだけはあり、一念発起でスピリチュアルカウンセラーとして、起業することにしたのです。

学んでいたはずの立場から、急に起業？　と変に思われるかもしれませんが、これも当時学んでいたスピリチュアル用語のひとつで、いわゆる「バンジーを飛ぶ（バンジージャンプを飛ぶような気持ちで、自分自身が怖いと思うことに飛び込むことで心のブロックが外れる）」というものです。

スピリチュアルを発信していた人の動画やセミナーを見るにつけ、「自分でもこういうことがしたい、私にもできるんじゃないか」という思いに至ったのです。

ただ、お金がない（むしろマイナス）という事実は変わりません。

それでも、夫に内緒で起業塾に入りました。当時の私は、クレジットカードが作れなかったので、なんとかお願いして銀行振込で月々2万円の支払いで契約をしていただきました。

月々2万円は、その当時の私にとっては「うっ……」ってなるほどの大金でしたが、もうどちらにしろ後がなかったので、覚悟を決めてやり抜こうと思いました。

なにも行動しなかったら人生が変わることはありません。

でもこのままの人生が続くのは心底嫌だったのです。だから苦しくても行動するという選択をしました。

でもそんなすぐうまくいくわけがありません。起業といっても何をどうやって始めたらいいかわからないし、スピリチュアルを学んだけど腑に落とせていなかったのもあり、「自分なんかがお金をもらっていいのだろうか」と、お金をいただく怖さもありました。

そうなると、当然お客さまも来ません。


またこの時も起業だけでなく家庭もうまくいってませんでした。金銭的に余裕がないからか、些細《ささい》なことでしょっちゅう喧嘩《けんか》するようになっていたし、夫が転職でまた給料が下がったり、電気が止まったり、税金が払えなくて銀行口座を差し押さえられたり、毎日生きていくのがやっとでした。

せっかく覚悟を持ってバンジーまで飛んで起業したのに、ここでも挫折してしまうのか、私の人生って結局こんなものなのか！　何をやってもうまくいかないし、夢なんか叶わねぇ‼　とほぼ諦め状態。

ハイヤーセルフとつながるなんてできないし、お告げもこない。「神さまなんてほんまにおるんか！！！！！」とさえ思うようになっていました。

覚醒体験
――500円のお賽銭と聞こえてきた声――

お金が欲しいのに、どんどんお金がなくなっていく。幸せになりたいのに、幸せから遠ざかっているような現実で。

現実にもスピリチュアルにも絶望しそうになっていた、そんなある日のことでした。

氏神さま（自分の住んでいる地域の神社）のところに行ったのがきっかけで、私の人生は激変していきます。

よくいわれる開運日でもなんでもない、いつもと変わらない日。私は氏神さまのところに行きました。もうなにもかもうまくいかなくて、最後は神頼みです（笑）。

お賽銭《さいせん》を入れようと思って、財布の中を見るとなんと500円しか入ってなかったのです。これが全財産。

「これを入れてしまうと、今日のご飯何食べよう……」と思いながら、もうやけくそで、その500円をお賽銭箱に入れて手を合わせてこう言いました。

「神さま!! 本当にいるなら助けてよ！ 私は自分で稼ぎたいし、家族のために頑張りたいの！ 私にできることはなんでもするから！ 今のこの状況から救って！」

その時でした。

頭の中にフッと声が浮かび上がってきたのです。

「前の夫に連絡しなさい」

思わず、「えっ？」となりました。でも周りを見ても、自分以外誰もいない。でも、確かに聞こえてきた声でした。

と同時に、「それはめっちゃ嫌だ!!」って思ったのです。

なぜかというと、離婚した数年後、私が再婚することになった時に、元夫と電話で大喧嘩してから、一度も連絡を取っていなかったんです。もちろんその間離れて暮らしていた子どもとは、会わせてもらうこともできていませんでした。

そんな状態で連絡しろと言われても、何を話せばいいかわからないし、またどうせ喧嘩するだろうと思ったので、彼に連絡するのは本当に嫌だったのです。

ただ……。

お願いごとの時に、「何でもします！」と言ったのが引っかかっていて、正直かなり迷いました。だから神さまに続けてこう言ってみたのです。

「本当に元夫に連絡しないといけないなら、もう1つわかりやすくメッセージをちょうだい！」と。

その後は、神さまからの返答も、さっきのような言葉が聞こえてくることもなかったので、やっぱり気のせいかと思い、そのまま神社を立ち去りました。

しかし、その後も連絡した方がいいのかどうか考えながら家に向かっていると、私はあるものを目にしてひっくり返りそうになりました。
正直目を疑いましたし、神さまって本当にいるかもと思えた瞬間でもありました。

なんと、私が歩いている目の前に、元夫が歩いていたのです！

私は驚き過ぎて息をすることも忘れていました。さすがにそこでは勇気が出ずに、元夫に声をかけることはできませんでしたが、この瞬間、これはさっきお願いした神さまからのもう1つのメッセージで「これは連絡せなあかんやつや……」と確信しました。

でも、いざ連絡をしようとすると、

また喧嘩したらどうしよう。
そもそも電話無視されたらどうしよう。

なんの用？　とかそっけなくされたらどうしよう。

いろんなことが頭をよぎりました。

考えれば考えるほど、やめたい理由ばかりが思い浮かんできて、心臓が口から飛び出そうなくらいドキドキしていてやっぱりやめようかなと何度も思いました。でも私はとにかく何かを変えたかったのです。それで意を決して電話をしてみました……。

何度かコールが鳴ったあと、「もしもし？」と元夫の声が。

「あ、久しぶり。今大丈夫？」と声が裏返りながらも、なんとか声を絞り出して話し始めます。

急な電話で、向こうもビックリしていた様子です。

何を話すか決めていなかったのですが、最近の子どもの様子を聞いたり、他愛もない話をしながら、フッと湧いてきた言葉がありました。

「ごめん」と「ありがとう」です。

「私は愛されていない」というインナーチャイルドを抱えていた私は、人を試すようなことをして、何でも元夫のせいにして好き放題やっていました。

元夫に対してサンドバッグのように文句を言いたい放題言いつけて、こんな人生になったのはおまえのせいだ！　と言っていたようなもんです。

それでも何一つ文句を言わず、そんな私のことを理解して支えてくれようとして、諦めずに愛を注ぎ続けてくれたのは紛れもなく元夫です。

私は愛されていないのじゃなくて、愛を受け取ろうとしていなかったんだってことに、その時気づいたのです。

5年ほどの結婚生活でしたが、ずっと孤独感を感じて、自分以外はみんな敵だと思っていた自分は、実は誰よりも愛されていたのです。

どれだけわがままを言っても、大事にしてくれていました。昔の私はもっと言葉で寄り添ってほしかった、自分が欲しい愛以外を受け付けないようにしていて、素直に愛を受け取れていなかったのです。

実は当時、友達から「まいちゃんって、本当に愛されてるよね」とよく言われていたのですが、その時は、「は？　どこが？」なんてよく返していましたが、その意味がやっと理解できた瞬間でした。

その気づきを、電話でも話しました。

ずっと大事にしてくれて、愛してくれていたのに受け取れていなかったのは、私だった。本当にごめん。そして、たくさん愛してくれてありがとう。私に愛を教えてくれてありがとう、って。そう。私に愛とは何かを教えてくれたのは元夫です。

その瞬間、私の中のわだかまりがスーッと溶けていくのがわかりました。

「私は愛されていない」とずっと思っていたけど、愛を受け取れていなかっただけと思えたのは、元夫だけではなくて、父に対してもでした。

思い返せば、私がアルバイトなどで帰りが遅くても、心配でずっと起きて待ってくれていたり、いつも私のやることを応援してくれて、見守ってくれてたんですよね。

私はどこかで、「どうせ自分なんて」って、自分で自分に呪いをかけていたのです。それが解けた瞬間でした。

人生が変わった時
——モラハラ夫を神夫に変えた時——

この出来事から、自分らしく生きられていない人や、生きづらさを感じている人も自分で自分に呪いをかけていたり、こうだと決めつけていることがあるのではないかと思い始めたのです。

自分が当たり前だと思っていること、いわゆる「普通」や「常識」という枠に自分を当てはめようとするから苦しいのだ、ということに気がついたのです。その枠に囚《とら》われて、本当のことが見えていないのだとしたらどうでしょうか。あなたも自分がこうだと決めつけて、目の前の世界を自分にとって都合のいいように見ている可能性があるのです。

すべてはただの設定

人は、「どうせ自分なんて」という無価値感などの思い込み以外にも、母親（父親）だから、女（男）だから、妻（夫）だから○○しなければならない、という自分オリジナルの「設定」があり、それは本来誰かに決められたことでもないし、法律で決まっていることでもありません。なぜか勝手にそう思っていて、その設定通りに人生を歩もうとしてしまいます。

私は「愛されていない」という設定だったので、誰からの愛も受け取ることができず、勝手に孤独を感じていたのです。今思えば笑えてきます（笑）。

勝手に設定を作ってその通りに生きているんですよ。自作自演の喜劇です（笑）。

すべては設定通りに人生が創られていたということです。厳密に言えば、その設定通りの現実だけを都合の良いように解釈して捉えていたということです。


今の私の夫は今でこそ周りから【神夫】とよく言われていて、実際私もそう思いますが、実は昔（付き合っていた頃）、モラハラの気があったのです。

「俺の言うことを聞いてればいい」という性格でこちらの話は一切聞かないし、喧嘩しても上から押さえつけてくるような一方的な話し方でした。

この時私の意識にあったのは「罰を受けている」という感覚でした。

離婚してひとりで子どもを育てる覚悟がなかった私への罰、すべてを元夫のせいにして現実をちゃんと見れていなかった、私への罰だと思っていたのです。

これも「設定」です。

夫や、子どもへの罪悪感をなくしたいがために作った設定。

　では、ここからどうやってそのモラハラ夫が、【神夫】に変化していったのか気になりますよね。実は、ここに至るまでにもたくさんの「設定」がありました。

　例えば、私には「母親は家族の犠牲にならねばならない」「母親は我慢をして、自分を後回しにして家族を優先させるものだ」という設定があったのですが、これは私の母が口癖のように言っていた、……というわけではなく、私から見たら母がそう生きているように見えたのです。

　私の母は幼少期に虐待を受けていたり、私なんかが想像もできないくらい壮絶な人生を歩んできたようなのですが、実はお手本のような人で、「子どもに同じ思いをさせたくない」という一心で、子どものことを一番に考えてくれる、私にとっては「いい母親」だったし、とても感謝しています。

　だけど、だけど、だけど……、（ここは強調させてください〈笑〉）私から見た母は自分を犠牲にして我慢しているように見えてしまっていたのです。

　母がだれかとランチに行くことは少なかったし、夜なんてお風呂屋に行くくらいで、遊びに行く姿なんて一度も見たことがありません。

母は、この生き方に対してどう思っていたかはわかりません。我慢していたつもりはなかったかもしれません。でも私の視点からは、「我慢しているように見えた」のです。


だから私も子どもができて、「母親だから我慢しなければ」と自分に暗示をかけてしまい、同じように夫に対しても、我慢を強要していました。

飲み会は1軒目で終わらせる、遅くても終電で帰ってくる、遅くなるなら連絡する、等など……。夫はひとつも守れてなかったんですけどね（笑）。

当時は営業の仕事をしていたので付き合いで飲みに行くことが多く、そういう日は、夜中または朝方に帰ってきていました。

私は夫が帰宅するまでイライラして寝れずに、鬼の形相をして待っていました。あまりにも遅いときはLINEで「帰ってくるな」とか、「いつまで飲んでるねん。連絡しろ！」とか送りまくっていました。

その時の、私の言い分はこうです。「私だって飲みに行きたいのに我慢しているし、母親として子どもや家族のことを一番に考えている。父親として、夫として、妻のことを理解するべき。飲みに行くなとは言わないけど、家族のことを考えて、早く帰ってくるべき」、と。私の考えがさも当たり前かのように押し付けていました。終電以降まで付き合わせる上司も頭がおかしいとさえ思っていました。

ここまでくると、もう本当に「呪い」ですよね。

でもこれが、自分の「設定」だったということに気づき、「母親でも妻でも自由に生きていい」と思えるようになったら、夫が夜中に帰ってこようが、朝帰りしようが、イライラしなくなったし、先に寝ることができるようになり、飲み会や付き合いに快く送り出せるようになったのです。

こうやって私は、自分の中の「設定」を変えていくことで随分と生きやすくなっていきました。今までイライラしていたのは、**私だって本当は○○したいのに……！という自分からの叫びだったのです。**この声に従っていくことで、自分が満たされていくのをすごく感じましたし、自然と感謝が溢れるようになっていきました。

そうしたら、夫の方から「子どもを見ておくから、リフレッシュしておいで」と送り出してくれることも増えたり、お互いがお互いを尊重し合い、思いやりを持って関わることができるようになりました。

少し前に書いた「私は愛されていた」ということに気づいてから、夫の愛情も素直に受け取れるようになり、自分自身のこともっと愛せるようになりました。このあたりから私たちの夫婦関係がさらに良くなっていったと感じています。

スピリチュアルの仕事に対してもすごく応援してくれるようになったり、今では主夫をやってくれていて、炊事洗濯などの家事をすべてやってくれています。出張のときは、子どもたちを見ていてくれるので安心して仕事ができます。

私がやりたいことに対しては何ひとつ反対せずに応援してくれるし、本当に信頼してくれているのが伝わります。

そのおかげで突拍子もなくエジプトに行くことができたり、自由に生きることができて、本当にありがたいです。

自分の設定を変えるだけでこんなにも人生が変化するのです。それだけ私たち自身が持つ設定の意図が、強力なエネルギーであるということなのです。

うまくいかなかった頃の自分の人生をよく見てみると、すべて自分自身の作った設定通りで、思い通りになっていないようで実は思い通りになっていて。すべてはうまくいっているのです。

究極の幸せに包まれたとき❶
——自己対話——

ただ夫とのパートナーシップはうまくいくようになったものの、お金のことだけはなかなかうまく好転しませんでした。

話が少し前後するのですが、起業して半年くらいは、お小遣いにもならないくらいの売上しかあげられませんでした。

そうなると、相変わらず家計は火の車。自転車操業。クレジットカード、口座凍結。

他のことはうまくいくようになっても、なぜかここだけうまくいかないのです。もうこれは「ブロック」としか言いようがない感覚で、進みたいのに、進めない。変わりたいのに、変われない。まるでアクセルとブレーキを、同時に踏んでいるような感覚でした。

もしこれを読んでくださっている皆さんが今、自分が楽しいと思える日々を過ごせていなかったり、どこか自分の望んでいる未来と、今の現実がかけ離れていたり、ミスマッチを起こしていたりするとしたら。

それは恐らく、この時までの私と同様に、「自分の声」を無視してきてしまったからだと思います。

もちろん自分の声を無視してしまうのにも事情があって。きっとこれまで積み重ねてきた経験や、その中で培われてきた自分自身の判断軸や世間の常識など。

「こうあらねばならない」という、理想に近づこうと懸命に努力してきたり、「しなければいけないこと」を、必死に追いかけたりしてきた結果なのだと思います。

でもそうやって、本当はしたくないことや、したくないのに無理をしながら走ってきても、どうにも心が満たされない。気持ちはからっぽで、生きている喜びが得られない。

結果、うまくいかない。

人生が、思った通りにならない。

このような人は、多いのかもしれません。


しかしそれでも当時の私は、「何とかしたい」「このままの人生が続くのは嫌だ！」と心底思っていました。

すでに起業塾にも入り、お金もかかっている。

そこで私は自己対話を繰り返して、「なぜうまくいかないのか？」「自分のどこに、一体どんなブロックがあるのか？」と、深掘りをしました。

この自己対話というのは、自分では気づいていない自分自身の壁やブロック、時に問題を引き起こす心の癖に気づくのに、すごく有益です。

何かを変えるには、まずその「何か」の原因となっていることを知ること。

それをせずに、目の前の現象だけを変えようとしても、根っこの部分が変わっていないので、時間が経てば、また同じ現象を引き起こしてしまう。

だからこそ、まず「変わる」ためには、自分の、どこの何を変えたいのかを知る必要があります。

そのためにこの時、私がやったのは、ペンとノートを使った自分の心の声を聞くワークでした。

★用意するもの、場所

・ペン
・紙
・落ち着ける場所
・大好きな飲み物
・リラックスできる音楽

まず前提として、自分の心の声が聴き取りづらいのは、他の声（他者の目や、「こうあるべき」という理想、常識、世間体、過去の経験や言われてきた言葉など）に埋もれてしまいがちだからだと思います。

それであれば、まずは自分の心の声を聴き取れるよう、文字にして可視化してみるのがおすすめです。書き記すことで、埋もれずに済むのです。

加えて重要なのが、落ち着ける場所とたっぷり対話できる時間です。

家族や知り合い、誰かに話しかけられたり、書いている内容を覗《のぞ》き込まれる可能性のある場所だと、安心して話ができませんよね。

そして、自分と対話するには、結構な時間が必要です。

これまでも自分の心の声を無視してきたなら、なおさらです。

またもしこの時、「そんな時間は取れない」と思ってしまったとしたら、それこそが「ブロック」だと思ってほしいと思います。

「子どもがいるから……」

「配偶者にどこに行くのかと詮索される……」

「お金が……」
「時間が……」

これこそが、あなたがあなたらしくあることを妨害しているブロックであり、超えるべき壁なのです。

あなたがあなたらしく生きたいと思うなら、自分と向き合う時間を取ってください。自分を最優先にしてください。それぐらい大事なことなのです。今まで散々自分の心の声を無視してきたのなら、なおさらです。

ですからまずは勇気を出して、なるべくたっぷりの時間をとって、美味しい飲み物とリラックスできる音楽をお供に、ゆったりと気持ちを構えておこなうのがおすすめです。

そして、ノートを開いて何を書き出せば良いかというと、これといった決まり事はありません。

いま頭の中にあること、ずっともやもやしていたこと、怒りや悲しみ、なんでも思いつくことを文字にするだけ。綺麗に整理しながら書いたりする必要もありません。

あくまで目的は「自分」の心の声を聴くこと。まずは「自分」がいま何を思っているのか、どう感じているのか、汚い文字や、時には汚い言葉を使ってでも、それが文字として見えるようになるだけでＯＫです。

ただ急に自由に書けと言われても、何も思い浮かばない方もいるかもしれません。そんなときは、以下のように自分に質問をしてみてください。

・私は今、どんなことが心に引っかかっている？
・私は今、何を思っている？
・私は、本当はどうしたかった？（どうしてほしかった？）
・私は、本当はどう思った？
・私は、本当はこれからどうしたい？

そうして徐々に出てきた自分自身の本音に対して、それが良いか悪いかのジャッジをせずに、一旦とりあえずその出てきた本音を眺めてみる。

これまで誰かに悩みを吐露した時に、「いや、それは良くないよ」「こうした方が良いよ」と言われて、(そういうことを言ってほしいんじゃないんだけどな……)、(ただ聞いてほしかっただけなのにな……)と、どこか悲しい気持ちになったことはないでしょうか。

その悲しい気持ちを自分が自分にさせないように、まずは一旦受け止める。

この作業がなぜ必要かというと、「本音を出しても否定されないんだよ」という体験を、徐々に自分が自分に浸透させるためです。

本音で生きることができなくなってきた経験や、自分の中でブロックを作ってきた原因は、多くの場合が先ほども述べた通り、他の声(他者の目や、「こうあるべき」という理想、常識、世間体、過去の経験や言われてきた言葉など)です。自分が本当はこうしてほしいという気持ちがあっても、すぐさま「他の人にどう思われるだろう」と気にしたり、迷惑をかけるかもしれないと自分の気持ちを押し殺してきたので、まずは自分が自分に本音を出す許可をしていく必要があるのです。

それを徐々にでもいいので、塗り替え（許可し）ていく。

そうすると、少しずつ本音を出すことが怖くなってきて、さらにそれを繰り返していくと、本当の意味で自分自身が変えたかった現実や、その原因が見えてきます。

時間はかかりますが、そのかかる時間もまた、自分自身がこれまでよく頑張ってきたこと、我慢してきたことの証として、受け止めてあげてください。

究極の幸せに包まれたとき❷ ―〝あること〟の答え―

こうして自己対話を繰り返していく中で、私自身が気づいたブロック。

それは、「私はお母さんより、幸せになってはいけない」という思い込みだったのです。

繰り返しになりますが、私は母のことが大好きです。大好きだからこそ、私は母の一番の理解者でありたいし、母を癒やしたいと、今も昔も思ってきました。

しかし私が幼い頃、母が苦労していたのは知っていたので、母が大好きだからが故に、「私だけ好きなことをして稼いで、自由に生きていいのか?」と感じ、そのことがどこか無責任であるかのように、また勝手に罪悪感を持ってしまっていたのです。

要するに、母の一番の理解者であるために、自分も少しでも同じように苦労して、母の気持ちを理解したいと、無意識に思っていたということです。

そのことに気づいた時、涙が溢れてきました。自分自身が、それだけ母のことを大事に思っていたということ。そして同時にそのことが、自分で自分を苦しめていたということ。

いろんな感情が入り交じる中、この時、心の中でつかえていた塊がスーッと溶けきっと母は、この本を読んで「そんなん頼んでないし！（笑）」と言いそうですが（多くの私たち親子と同じような思いを持っている人も、そうだと思いますが）、このことは、私の中に無意識に刷り込まれていた「設定」なので、自分ではまったく気がつかなかったし、この設定がお金のブロックになっていくのがわかりました。

何度も何度も述べていますが、ここでもあえて文字にしておきます。私は、母になにか言われたわけでも、態度でそう感じたわけでもありません。別に母になにか言われたわけでもないのに、勝手にそう思い込んでいたというのが怖いですよね。自分で言うのも何ですが、悪意や憎悪ではなく、自分にとっては、優しさや思いやりと思っていたこと。しかし、それこそが多くの人が、自分自身の人生を苦しめてしまう落とし穴となる。皆さんにもそんな経験はないでしょうか。

こうやって自分の世界はすべて設定通りになっていて、私は自分で稼ぐことに対して、自分自身で抵抗していたのです。

このことに気づいた時、大声で「なんでやねん!!」と言いたくなりました（笑）。

この自作自演の喜劇に気づき、やっと自分でお金を稼ぐことを自分自身に許可できるようになりました。

この気づきと同時にもうひとつ思い出したことがあります。

小さい頃、母の誕生日に手紙を書いていて、いつも言っていたことがあります。

それは、「私が大金持ちになって、お母さんのめんどうみてあげるね」という言葉です。

小さい頃から、自分でお金を稼いでお母さんと豊かな暮らしをすることを夢見ていたのです。そのことを思い出し、私はやっぱりこれがやりたかったんだという思いと、やっと叶えられる喜びを心から感じました。

小さい頃に夢見ていた「私」を、私自身が勝手な思い込みで抑圧し、我慢させてしまっていたのです。

その小さい頃の「私」が解放されたような気がして、心が安堵感でいっぱいになった、その時でした。

不思議な感覚が私に訪れたのです。

母が母であって、母でない。

私が私であって、私でない。

母と私、私と母。

その2つの存在が混ざり合って、1つになっていく感覚。

母のことを自分と寸分違わず同じ存在である感覚を覚え、同時に、私自身もまた母と寸分違わず同じ存在であるという感覚。

母は私であり、私は母である。

そう思えたその瞬間、さらに目の前の風景や景色すらも、混ざり合って私と1つになっていく。

まるで世界中の壁という壁がすべてなくなっていき、まさしくすべてが「1つ」になっていく＝「ワンネス」という感覚に包まれました。

そこにあったのは、絶対的な安心感でした。

自分を愛するように人を愛し、人を愛するように自分を愛し、すべてを愛する。

そのことに対して、一切の疑問を持つことのない世界。これこそが本来の世界のあるべき姿であり、私たち自身があるべき理想の姿。

これが私にとっての初めての覚醒体験であり、同時に一度肌で感じたこの感覚は、私にぶれることのない芯を築いてくれました。

その直後から、出会う人も変わり、起きる現実も変わっていき、仕事の売上や収入もずっと右肩上がりになっていきました。


私たちには、いくつもの思い込み（設定）があります。表面的なものから、心の奥深くで拗らせてしまっているものまで、たくさんあります。


人生に起きている出来事は自分の心の中の投影でしかなく、「苦しい、悲しい、つらい、生きづらい」、そう感じているのは、本当の自分（魂）が、「私を見て！」と叫んでいるサインなのです。

今起きている出来事は、あくまでただの出来事でしかなく、本当の自分に気づいていくための宇宙からのギフトです。今までの自分に起きた、嫌なこと、忘れたいこと、後悔していること、すべてのことに感謝なのです。

難が無いのは「無難な人生」

難が有るのは「有り難い」

「今までいろいろあったけど、無駄なことなんて何一つなかった。私これでよかったんだ」と感じた瞬間に、オセロの黒が全部ひっくり返って、白になっていくように私の人生が輝き始め、私そのものを認められた感じがしたのです。いま問題だと感じていることも問題ではないのです。あなたがあなたに気づくために起きている出来事なだけで、すべてはうまくいっている流れの一部なのです。

ありのままの自分を受け入れるという言葉はよく聞いていましたが、それは今の自分を認めてあげるという浅いものではなく、今までの人生や、過去生なども含めた、私そのものを「これでよかったんだ」と受け入れることだったのです。

私そのものを「すべてこれでよかったんだ」と思えた時、他人から認められたい、愛されたいということはどうでもよくなり、他人がなにを思おうと、なにかを批判しようと、どうでもよくなります。

それは私自身が自分を認め、受け入れているから、他人のこともまるっとすべて認めて、受け入れることができるようになるのです。

そこには、正も悪もなくすべてが等しく、すべてが愛おしい。なにがあっても大丈夫だ。どんな私でも完璧で完全な唯一無二の愛おしい存在なんだ。

これを感じているときは、宇宙の源（ソース）と魂と、自分が一致している状態です。

これが、この本の冒頭にも書いていた、人生を変えるために必要な〝あること〟。その答えです。

スピリチュアル界隈では、「ありのままの自分を受け入れる」「自分を愛する」とよく言いますし、本当に大事なことなんですが、実際どういうことなのか、どういう感覚なのか教えてくれる人は少ないです。

それにここが腑に落ちていないと、上辺だけの幸福感だけで、現実は何も変わらないふわふわスピリチュアルになってしまいます。

スピリチュアルをどれだけ学んでも、うまくいかない人は、かつての私と同じように、このことをすっ飛ばして、それぞれの中にある、この「あること」の答えや壁に気づかず、また気づいていたとしても見ないふりをしたまま、手法だけを学んでしまっているから、うまくいかないのです。

「現実を創造するすべての源は、自分（魂）である」

このことが腑に落ちていれば、人生はどんどん好転していきます。

このことを踏まえて次章から、より実践的な、シン・スピリチュアルについて話を進めていきたいと思います。

第2章

シン・スピリチュアル
——シン引き寄せの法則——

そもそもスピリチュアルとはなにか？

～はじめに～でも書いたように、スピリチュアルと聞くと、「なにか視えない高貴な存在と繋がって声が聴こえたり、メッセージや啓示が降りてくる」という、いわゆる視えたり、聴こえたりする特殊な能力を授かることができる。また、「その力を使うことで、人生に奇跡が起きて、夢が叶って、お金も入って、なりたい自分になれる……!!」というような、魔法みたいなイメージをされる方が多いのではないかと思います。

ただ少し厳しい言い方になるかもしれませんが、その気持ちでいるから、夢が叶わないし、人生も変わらないというのも、また1つの真実でもあります。

ただ、そういった特殊な能力がないかと言われれば、実際にはあります。

が、それはスピリチュアルではなく、サイキック能力と呼ばれています。

サイキック（psychic）とは元々ギリシャ語でサイキ＝魂のことであり、サイキックには、「精神的な～」「心霊の～」という語訳があり、日本ではそれが、スピリチュアル（spiritual）と混同されています。

サイキックが典型的に使われているのは、透視、予知、テレパシーなど超常能力のことで、いわゆる「高次元の存在からメッセージを受け取る～」というのはサイキックと言えます。


では、スピリチュアル（spiritual）とはなんなのか。

ここでは、あくまで私が感じているスピリチュアルについてお話をしていきます。

スピリチュアルとは、私たちの魂が感じる感覚のことで、宇宙の源（ソース）と魂との一致を感じながら、自分の直感や感覚を使って生きていく、ということです。

もはや有名な話ではありますが、実は私たち人間は、本来人間そのものが持っているはずの能力の5％ほどの力しか使えていなくて、残りの95％の潜在能力を使わないようにしています。

潜在能力では、実は夢を叶えるために何をすればいいか、今自分がなにをすべきかを、本当は知っているのです。

なので、魂とつながり直感を使って生きていくことができたなら、今は眠っている95％の潜在能力が開花し、現実はいくらでも、思い通りに創っていくことができるのです。

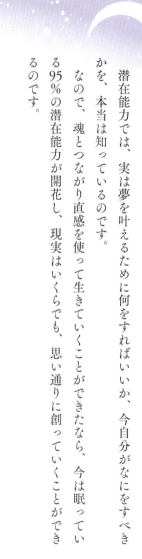

シン・スピリチュアルとは

その中で、私が提唱させていただいている「シン・スピリチュアル」とは、これまで「スピリチュアル」として伝えられてきた、テクニックや方法論だけを論じるのではなく、自分の生き方や考え方を根底から変えていく。魂と宇宙の源の一致感を感じながら生きることで、宇宙や自分への絶対的な安心感を感じながら、何が起きてもブレない芯を持つことで、本来求めていた理想や願っていた結果など、そのすべてが手に入るという考え方です。

スピリチュアルに興味を持ったり、学び始めたりする理由は人それぞれあるかと思いますが、私も含め、またこれまで私が出会ってきた方々のほとんどは、悩みを抱えていて、「何かを変えたい」と思っていたり、また叶えたい願いがあるなど。何かしら人生に悩みや課題を抱えて、スピリチュアルに興味を持つ人がほとんどでした（そもそも人生に何も悩みがなかったり、願いがすべて叶っている人は、スピリチュアルに興味を持つ必要がありませんよね）。

ただ私がシン・スピリチュアル的な考え方として思うのは、その悩みが解決した先や願いが叶った先に、どうなりたいかというところ、そこを見てほしいということです。

悩みや願いが叶った先に結局何を求めているかというと、それはすべからく、「幸せになりたい」ということだと思うのです。

例えば、「お金持ちになりたい、有名になりたい、車が欲しい、家が欲しい」、「あの人さえいなくなれば、あの人が変わってくれれば」、このような願いを持っていたとします。

かつての私もそうでしたが、このような願いを持っている場合、同時に「この願いさえ叶えば、私は幸せになれるはず」と思ってしまっています。

しかし現実は、その願っていたはずの願いが叶ったとしても、「次はあれが欲しい、これが欲しい」「次はあの人がイヤだ、この人が変わってくれたら」と、欲望の無限ループが続いてしまいます。

これは条件付きの幸せでなのです。「○○さえ叶えば幸せになれる」これだと結果に振り回される人生となり、永遠に幸せを感じることはありません。願いが叶った瞬間は満たされた気持ちになりますが、コップに穴があいているような状態なので幸せを注いでも注いでも流れ出てしまい、また枯渇感、欠乏感を感じ、もっと！もっと!!　と幸せに対する感覚が鈍感になってしまいます。

結局自分のことが認められていなかったり、ありのままの自分を愛せていないと、外側から埋めようと条件付きの幸せを求めてしまいます。

もっと愛してくれる人がいれば……

もっとお金があれば……

もっといい仕事に就いていれば……

もっと、もっと、もっともっと……と。

このような経験はないでしょうか。

これこそまさしく旧来のスピリチュアルのあり方で、先述のように願いが叶えばまだ良い方ですが、結局願いも叶わず、願いを叶えるために次はあのセミナーを受けたら……、次はあのノウハウを試して……、次はあの先生のところへ……、今度こそ……となって、結局スピリチュアルジプシー化してしまいます。

やはり、本当の意味での「願いを叶える＝幸せになる」。そのためには、その問題や課題を引き起こしている自分自身の心の壁や癖、ブロック、また願いがあるなら、その願いをなぜ持つに至ったか、その願いの先にどんな未来を描いているか、どんな自分でいたいかなどの、深い部分までアクセスして、初めて本当の意味で、「幸せになる」という願いが叶うのだと思います。

厳密にいうと実は「既に幸せであった」ということに気づくのです。

何もなくても、願いが叶っても叶っていなくても、私は幸せだった。条件付きのなにかを探していただけで答えは自分の中にすべてあった。

そして実はこの段階まで来たなら、魂と宇宙の源の一致感や安心感を感じているはずなので、悩みや課題、人間関係の問題を引き起こす自分自身の考え方や根底が変わっています。あれほど強く願っていたはずの願いを叶えること自体が、叶っても叶わなくてもどちらでも良くなってしまっているはずです。

しかも不思議なことに、その状態（願いが叶っても叶わなくてもどちらでも良い状態）になったら不思議と、願いに対する執着というものが外れて、願っていた現実がスルッとすべて手に入ってしまったりします。

そのある種の覚醒状態を安定的に目指すことこそが、「シン・スピリチュアル」だということを踏まえて、これからの話を読んでほしいと思います。

マズローの6番目の欲求とワンネスの関連性

「マズローの5段階欲求」という言葉を、聞いたことはあるでしょうか？

「マズローの欲求5段階説」とは、心理学者アブラハム・マズローが提唱した理論で、簡単に説明すると、人間が生きていく上で、以下の5段階の欲求があるといわれています。

・**生理的欲求＝生きていくために必要な、基本的・本能的な欲求のこと。**「食欲」や「排泄欲」「睡眠欲」などが当てはまり、これらが満たされなければ生命の維持が不可能。一般的な動物がこのレベルを超えることはほとんどありません。

・**安全欲求＝安心・安全な暮らしへの欲求のこと。**病気や不慮の事故などに対するセーフティ・ネットも、これを満たす要因に。一般的に、幼児にはこの欲求が顕著に垣間見えますが、大人になると反応を抑制することを覚えます。

・**社会的欲求=友人や家庭、会社から受け入れられたい欲求のこと。**集団への帰属意識や愛情を求める欲求であり、「愛情と所属の欲求」、あるいは「帰属の欲求」とも表現されることもあります。この欲求が満たされない状態が続くと孤独感や社会的不安を感じやすくなり、時には鬱状態に陥るケースもあります。

・**承認欲求=他者から尊敬されたい、認められたいと願う欲求のこと。**名声や地位を求める「出世欲」も、この欲求に当てはまります。外的部分を満たしたい第3段階までとは異なり、内的な心を満たしたい欲求へと変わります。なお、承認欲求における尊重には、「低いレベルの尊重欲求」と「高いレベルの尊重欲求」があり、低いレベルの尊重欲求は、他者からの尊敬、名声、注目などを得ることによって満たされるのに対して、高いレベルの尊重欲求は、自己尊重の意識付け、技術や能力の習得、自立性などを得ることで満たされ、他人からの評価より自分自身の評価を重視する傾向があるといわれています。

・自己実現欲求＝自分の世界観・人生観に基づいて、「あるべき自分」になりたいと願う欲求のこと。潜在的な自分の可能性の探求、自己啓発行動、創造性の発揮などを含み、自己実現の欲求に突き動かされている状態。またこの第5段階だけは、最初の4欲求を「欠乏欲求」とマズローが定義しているのに対して、最後の1つを「存在欲求」とまとめており、この自己実現欲求を達成できた人は数少ないとされています。

これが「マズローの5段階欲求」であり、マズローはさらにこれらの欲求が下から満たされていくと、人間は自然と次の欲求を満たそうとし、これが段階的に満たされていくと、その人生に幸福感を感じると言っています。

ですが実際、5段階目の自己実現の欲求を満たしていても幸せそうではない人がいることに違和感を覚えたマズローは、「人間の欲求には、その上があるのではないか」と疑問を持ったことで、晩年に6段階目の欲求があると提唱しました。

その6番目の欲求こそが、**「自己超越の欲求」**です。

「自己超越の欲求」とは、本来は目的の遂行・達成のみをピュアに求める領域を指し、見返りを求めず、自我を忘れてただ目的のみに没頭することを指すのですが、これはよく、「自己を超えた利他的なもの＝世のため、人のためにその人生を尽くして生きること＝6段階目の欲求」と捉えられがちで、実際にそのように広まっているのを目にします。

ここからは私の見解でお話ししていきますが、**「自己超越」とは自己を超え、誰かのために貢献していくことではなく、自己や利他、正悪の二元論などの人間的意識をも超越した、上位概念のこと**だと感じています。

先の章の終わりで書いたように、自己の意識を超え、「自分」と「誰か」の境界線がなく、人はみんなつながっている、地球や宇宙とつながり調和している、いわゆる「ワンネス」のことだったり、宇宙の源とつながるということです。

「悟り」という言葉は、人と人、自分と人、自分とすべての「差を取る」ともいわれていて、目の前の人も自分であり、自分もまた目の前の人である。また自然も地球も、目に映るものも映らないものも、生きとし生けるそのすべてが自分自身であり、自分を愛するように他者を愛し、他者を愛するように自分を愛することです。自分自身や自分自身の家族、大切な人がつらい思いをしたときに心を痛めることはあれど、遠くアフリカの国で子どもがお腹を空かせている映像を見ても、なんとも思わない。

これは自分と他者が分離している状態であり、自己超越というのは、その共感や愛情、思いやりの範囲を徐々に、徐々に広げていくということです。

最初は自分自身を大切にする。そして次に自分自身から、自分の大切な人へと、愛情や共感、思いやりの範囲を広げ、そして次に、大切な人の大切な人……、地域、住民、国、さらにその先へ……と。

少しずつ、少しずつ、愛情の範囲が広がっていき、世界中が自分自身と一体化していく。

このワンネスの状態こそが私が言うシン・スピリチュアルな生き方、魂のままに生きることで、絶対的な安心感を感じながら、地球での体験を楽しむことができる

マズローの欲求5段階説

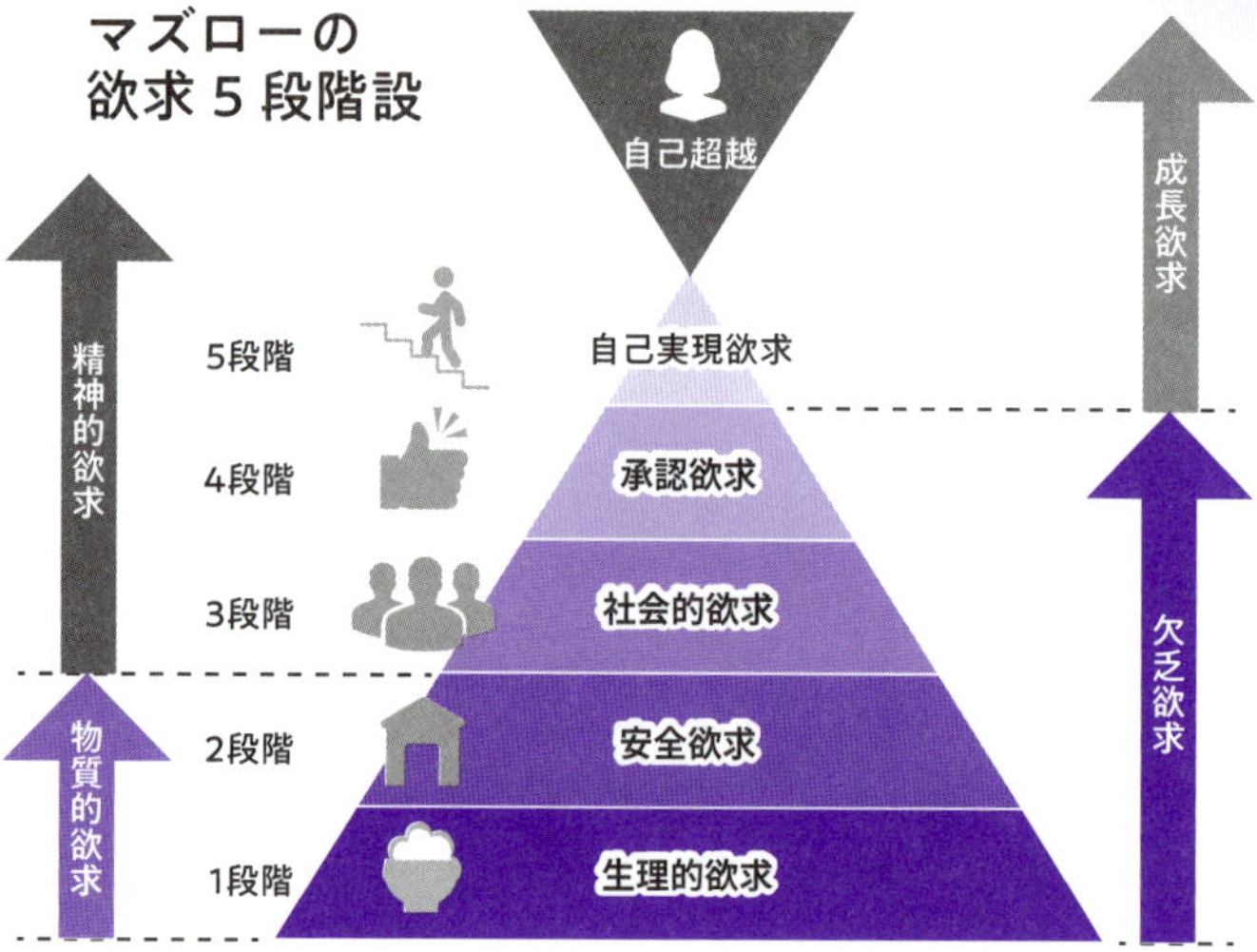

生き方です。

この6段階目の自己の意識を超越する感覚を味わえたとき、感情がより豊かになり、同時に自分自身が相手のことをまっすぐに誠実に思うからこそ、相手からも同じようにまっすぐに誠実に思われる。そのような愛し愛され、思い思われる温かい人間関係の中で、至高の幸福感に包まれるからこそ、下位にある5段階の欲求がすべて満たされる状態が現実として現れます。

今この現代の日本で1段階目（生理的）と2段階目（安全）の欲求に困っている人は、あまりいないと思われます。

現状としては、3段階目から順番に上に登って満たそうとしている人たちが多いですが、4段階目の承認欲求のところで、人からの評価を気にしたり、誰かに認めてもらいたくて頑張ったり、宇宙の流れとは逆の方向にエネルギーを消耗している人が多いです。

これは欠乏感を埋めるための行動で、そのベースにあるのは欠乏感なので、その状態で行動すればするほど、より欠乏感を感じる出来事を引き寄せてしまいます。

そういった観点から見ても、一番上の「超越」のところが満たされると、まるでシャンパンタワーのように下も満たされていくのです。

私自身がこのことに気づいた時、この生き方こそが、人間にとって最も重要で大切なことであり、人生を通してその答えを探しているのだと感じました。

あらゆる宗教も、本来このことを伝えたいのだと思うと、結局向かう先はみんな同じなのだと思いました。

引き寄せの法則の光と闇

ここからは、ではどうやって自己を超越し、宇宙の源や魂と自分を一致させていくかという話に入って参ります。

そのためにまずは前提として、有名な「引き寄せの法則」を例に出しながら、理解を深めていただきたいと思います。

今さらながらの説明になってしまいますが、引き寄せの法則とは、「強く願ったり、信じたりしたものは実現しやすい」という考え方のことです。

自分にとって、ポジティブなものに意識をフォーカスすることでポジティブな現実が起きるようになり、思考をネガティブにフォーカスすると、ネガティブな現実を引き寄せるといわれています。

そこから自己実現やなりたい自分、理想の人生を構築するために、引き寄せの法則を使おうと、世間一般にも広がっていきました。

しかし、引き寄せの法則というのも決して絶対的なものではなく、やはりそこには引き寄せの法則を実践して、願いが叶って人生が好転した人、その逆に願いが叶わず、逆に暗転していった人。光と闇があるといわれています。一体その違いはなんなのでしょうか。

まず大前提として、引き寄せの法則を使う前に、理解しておかなければいけない重大な要素があります。

また同時にこれは、引き寄せの法則の核心部分の話でもあります。

その重大な要素というのは、何か。

それは実は引き寄せの法則の真実というのは、「今感じている自分自身の心の状態を、そのまま繰り返す法則である」ということなのです。

これは顕在意識と潜在意識の話になるのですが、顕在意識（本人が自覚している意識の部分）では、「お金が欲しい」と思っていても、潜在意識（本人が自覚していない無意識の部分）では、「とはいえ、今の私はお金ないしな」と思っていたとしたら、引き寄せの法則は、この潜在意識の「お金ないしな」という現実を、繰り返し引き寄せてしまうのです。

どれだけ「お金持ちになりたい」と願ったとしても、今現在、自分がどこかで「お金がない」と思ってしまっていたとしたら、どれだけ願っても、永遠にお金持ちになれることはなく、お金がない状態が続いてしまう。

同様に、「人生は思い通りにならない」と思ってしまっていたとしたら、どれだけ表面上で、「人生を思い通りにしたい」と思ってもならない。

これを逆にしたら、すでにお金を持っている人は、「お金持ちになりたい」と改めて思わなくても、お金持ちであり続ける現実が続いていく。人生が思い通りにいくと思っている人は、今さら「思い通りにしたい」と思わなくても、人生が思い通りになるということです。

だからこそ、お金持ちはどんどんお金持ちになっていくし、うまくいっているように見える人は、どんどんうまくいくように見えるし、幸せそうな人は、どんどん幸せになっていく。そしてまた、その逆も然《しか》り。

なんと不公平なことでしょうか。

かつての私もそうでしたが、こういううまくいっているように見える人たちを見て、ものすごく世の中や神さまに対して理不尽に思っていました。

しかし、そのような状況の答えや核心は、実はこの「引き寄せの法則＝今感じている自分自身の心の状態を、そのまま繰り返す法則である」にあったのです。

この部分を理解してから、引き寄せの法則というものに向き合わないと、それこそ永遠に願っても願いが叶わない、教えられたノウハウ通りにやっているはずなのに、願った現実を引き寄せられないという無限ループに陥ってしまいます。

シン引き寄せの法則❶
――過去を許す方法――

こんな話をしてしまうと、「じゃあ私の今現在の状況が、望む現実とはかけ離れている場合、私は永遠に望む現実を引き寄せられないのでしょうか」と、思われる方もいるかもしれません。

しかしそれを可能にするのが、私が考えるシン・スピリチュアルであり、シン引き寄せの法則だと思っていただきたいと思います。

まずシン引き寄せの法則に於いて、最も目指すべき未来のあるべき姿は、先に書いた「自己超越」の状態です。

自分と他者、他者と自分。自分以外のすべてとの壁や境界線を無くし、「愛されている」「大丈夫」という、絶対的な安心感のもと生きることができたなら、その身が幸福感に満たされ、本来欲しかったはずのものが何も要らなくなる。

この心の状態になると、どんな願いや理想を掲げたとしても、スルッと自動的に望むものが引き寄せられていく。

これこそが「シン 引き寄せの法則」です。


しかしその状態に至るためには、逆に自分が「なぜその状態に至れないのか」の原因を追究して、その源泉や原体験を知る。これは先ほど私が書いた、紙とペンを使った方法で実践していただきたいと思います。


そして次に、自分自身の自己超越に至る過程への壁やブロックが見つかったなら、それを取り除く練習をしてほしいと思います。

私の場合は幸いにも母との仲が良好でしたので、過去の自分自身の想いや夢を掘り起こすことができたことで自分自身が解放されましたが、そうでないパターン（その対象の人との仲が良くない場合や、抑圧されて恐怖に陥っていたり、憎悪に至っていたりする場合）もあるかと思います。

そのときは、無理に自己超越しようと思わなくていいと思います。

この場合は自己超越しようとすると、これまでのスピリチュアルや引き寄せの法則の例で言うと、その対象を許すことにチャレンジすることになるのですが、しかし実際、心の奥深い潜在意識の部分ではまだ許せていないのに、顕在意識で無理に許そうとしても、結局は許せていないどころか、むしろなぜ自分がそこまで譲歩しなければいけないのかと、余計に憎悪が募ってしまうこともあります。

そんなときは無理に許そうとするのではなく、逆に憎む。もっともっと、憎み切るまで憎む。もしその対象と話ができるならば、その憎悪をそのままぶつけてもいいと思います。もしもうすでにこの世にいない場合は、お墓や仏壇の前でも構いません。

とにかくその「許せない」という感情を、思い切りぶつけてください。

「え？　そんなことしていいの？」と思うかもしれませんが、言葉は悪いかもしれませんが、これは、これまで積み重ねてきたマイナスをゼロにする作業だと思って、取り組んでほしいと思います。

そこで「こんなこと思ってはダメだ」とか「自分はなんてひどいやつなんだろう」なんて思わなくていいのです。自分でその気持ちを押し殺そうとしてしまうから、余計に暴れて手がつけられなくなるのです。自分が何を感じ、どうしてほしかったのか、自分でまず感じ切ってほしいのです。まだこんな感情が残ってたんだ、と思うくらい、残りカスまで出し切ってください。

直接伝えるのが難しいという場合は紙に書きなぐってください。とにかく出す作業です。出さないとその奥に眠っている核に迫ることはできません。自分の古傷と向き合うことになるので泣きながら書く人もいるでしょう。それだけ溜まっていたということです。自分を抑圧していたということです。それでいいんです。ぜーーーーーんぶ出してください。汚い言葉でも大丈夫。あなたの感じるままに。

憎んで、憎んで、憎み切って、初めて見えてくる世界があります。

そのとき生まれる感情を、大切にしてほしいと思います。

憎み切れないという感情なのか。

憎み切った後に、芽生えてくるのは感謝なのか。

もしここで憎んでも、憎んでも、まだ許せないという思いが無尽蔵に出てくるなら、それはそれで構わないのです。まだ残ってる。それをあなたが自分でわかっているということが大切なのです。

実は「自己超越＝ワンネス」というのは、白と白が融合していくことを目指すだけが、ワンネスとは言いません。

白と黒。陰と陽。

上の図のように両方が合わさって、1つになるものです。

それこそ私自身の今があるのも、過去の苦労していた母を見ていたからこそ、お金持ちになって母を幸せにしたいという願いを持てた。そこに至るまでの過程は、確かに大変なこともあったけれど、その過去の陰がなければ、今の陽となれた私はいない。

といったように、陽の裏には陰があり、陰の裏には陽がある。

まさしく、陰と陽は表裏一体なのです。

話は戻りますが、もしどれだけ許そうとしても許せない人がいたとするなら、その人を無理に許そうとせずに、その分のエネルギーを使って対象を変えて、自分にやさしく、人にやさしくしていきましょう。

「陰極まれば陽に転じ、陽極まれば陰に転ず」という言葉があるように、強い陰が強い陽を引き寄せ、その時に本当の意味で、「あの過去があったから、今がある」と、過去を許せる時が来るかもしれません。

その時、あなたの心はすでに自己超越、ワンネスの世界に入っているはずです。

すべてが白で統一されることが自己超越の世界ではなく、白と黒の共存を認めて受け入れ、その両方のバランスによって調和が成り立っている。
それこそが、シン・スピリチュアルの言う自己超越の世界であるということを、この段階ではわかっていただきたいと思います。

シン引き寄せの法則❷
――自分の潜在意識を解明する方法――

先ほどの説明で、あなた自身の過去を受け入れ、今の自分自身をポジティブに受け止めるきっかけができたなら、次に潜在意識を書き換えていきましょう。

まず前提として、潜在意識というのは、これまでの人生の中でかけられてきた言葉や、取られてきた態度、その何千万、何億というこれまでの言葉や行動の積み重ねによって、形作られていきます。

どんなことでもそうですが、一朝一夕にすべてが根底から変わることはなく、もし今自分自身の人生に納得がいっていなかったり、どこか窮屈さや不自由さ、不満を感じているとしたら、それを根底から変えていくには、そこに至るまでにかかった年月と同じだけの時間がかかるものだと、思ってください。

しかし、それでは途方もない時間に思えるかもしれませんので、そのリカバリーの時間が極力短くなるノウハウをお伝えしたいと思います。

まず潜在意識というものが、どういうものかを知っていただくために、「事実」と「真実」の違いについて、説明したいと思います。

まずあなたは、事実と真実の違いをご存じでしょうか？

事実とは実際に起きた出来事のこと。

真実とは自分が主観で嘘偽りなく信じていること。

私たち人間は、自身の持つ人生の教科書や自身の取扱説明書のようなものがあり、その設定通りに事実を見て、それが真実だと思い込むのです。

この自身の持つ、教科書や取扱説明書というものについて説明をします。


私たちは、それぞれ地球やこの人生を生きていくための教科書を持っています。

人生はその自分だけが持つ、教科書通りに創られていて、その教科書を通して人や物事の良し悪しをジャッジしたり、正解不正解を決めようとします。

その教科書や取扱説明書には、お箸の持ち方など当たり前にできることから、自分自身の人との関わり方や、「○○でなければならない」「○○であるべきだ」という自分の中にある思い込み（設定）が事細かく書かれています。


これは生まれた時は、みんな等しくまっさらな状態ですが、7歳くらいになるまでに、親の影響や親がよく口にしていた言葉、例えば、「お金を稼ぐのは大変だ」「人にやさしくしなさい」などの世の中の常識、また「ブサイク」と言われた言葉や、「かわいそう」「ちゃんとしなさい」「我慢しなさい」「お姉ちゃんなんだから、お兄ちゃんなんだから」など自分に関わることまで、直接言われた言葉以外にも、親の態度や振る舞いを見て勝手に思い込むパターンもあります。

そうして徐々に年月をかけて自分自身の生き方の教科書や取扱説明書を築き上げていくのですが、実は「自分らしい」と思っている自分は、本当の自分ではないのです。ほとんどの場合、その思い込みや設定は誰かに植え付けられたもので、「他人の価値感に沿って生きている私」なのです。

この教科書に書いてあることに気づき、必要なものを残し、不必要なものを省いていく作業が、自分らしく人生を生きていくための第一歩なのです。

この教科書や取扱説明書が人生にどういう影響を及ぼすかを、例をあげて説明させていただきます。

例えば、AさんとBさんがいたと仮定します。

Aさんは自分に自信があり、自分のことが大好きです。

Bさんは自分に自信がなく、内気な性格です。


この二人の目の前に内緒話をしている二人組がいるとします。


AさんとBさんはどう感じるでしょうか？（また、あなたならどう感じるでしょうか？）

Aさんは、「私のことをみてる！　この服が可愛いからかな♪　私って、素敵だもんね！」とポジティブに捉えるでしょう。

一方Bさんは、「え、私のこと……？　なんか変なのかな……。ダサいのかな……。やっぱり私ってイケてないよね……」とネガティブに捉えます。

ここでおわかりでしょうか。

事実は「こちらを見て、内緒話をしている二人組がいる」なのに、真実はそれぞれ違うのです。

これは結局、自身の持つ教科書や取扱説明書の設定通りに、「これが真実だ！」と思い込んでしまっている状態です。内緒話をしている二人組は、AさんのこともBさんのことも話していないかもしれないのにです。

私たちはこうやって、事実とは関係なく、自分の設定通りに都合よく世界を見ているだけなのです。

これはほんの一部の例で、ほとんどのことが事実と関係なく、自分の都合で真実として捉えられていて、世界が創られていきます。

ただ現状を知り、ここを変えていかないことには、Aさんはまだしも、Bさんは永遠にネガティブの連鎖から抜け出ることができずに、同時に目の前の現実にもネガティブな現実を引き寄せ続けてしまいます。

そのために、まずはあなたの教科書をじっくり言語化してみましょう。

価値感ワーク

まず紙とペンを用意して、「〇〇とは××だ」という言葉をいくつも書いてみてください。

例えば、お題が「お母さん」の場合

・お母さんとは、子どもを大事にしている
・お母さんとは、優しい人

・お母さんとは、自分を絶対的に大事にしてくれる人
・お母さんとは、自分を信頼してくれる人
・お母さんとは、自分のことを後回しにしている
・お母さんとは、自分を大事にしていない
・お母さんとは、なんだかんだ人のことが気になる
・お母さんとは、神経質だ
・お母さんとは、我慢をしなくてはいけない存在である

……といったように良いことから悪いことまで、〇〇であるべきだ！　など思いつく限り書き出していきます。

お題
・お母さんとは
・お父さんとは
・仕事とは

・お金とは
・男とは
・女とは
・友達とは
・人間関係とは
・妻とは
・夫とは
・子どもとは
・自分とは
・夢とは
・未来とは

この作業を繰り返していくことで、次第に自分自身でも気づいていなかった、自分自身の価値観や心の癖に気づくことができます。

そしてそこに書いた答えが、自分自身が本来、「こうありたい」と思っている理想と違っている場合、そこを重点的にチェックをして、「なぜ？」という問いかけを繰り返すようにしてみてください。

その「なぜ？」の問いかけを繰り返していくうちに、自分自身の心の癖やその違和感に気づくことができるようになります。

例えば先述のように、「お母さんとは我慢をしなくてはいけない存在である」と書いた時に、「なぜ？」と自分に問いかけてみると、そう思うに至るまでにあった過去の出来事や原体験が掘り起こされてきます。

それを自覚し、受け止めて、「おかしいな」「必要ないな」と思えば、その瞬間、捨ててしまえばいい。

そうしてその後に、同じようなことを思う場面や、状況に遭遇したときに、随時思い出して何度も修正していけば、「お母さんとは我慢をしなくてはいけない存在である→お母さんでも自由で良い、お母さんこそ自由であるべきだ」といったように、徐々に、理想の自分へと深層心理を近付けていくことができます。

シン引き寄せの法則③
―上手に潜在意識を書き換える方法―

こうして自分自身の教科書や、自分自身の取扱説明書を知ることができたなら、次にいよいよ潜在意識を書き換えて、願いや理想を叶える世界へとシフトして参りましょう。

そのためにまず、RASとスコトーマという言葉を知っていただきたいと思います。

RASとは、Reticular Activating System の略で、日本語では、「網様体《もうようたい》賦活系《ふかつけい》」。難しい言葉ですが、一言でいうと「人間は、自分にとって重要なことしか見ていない」ということです。それに対して、スコトーマとは、「それ以外の盲点＝自分にとってさほど重要ではなく、そのため目に映らないこと」となる部分のことです。

この世界には、たくさんの情報が溢れています。

この情報をすべて受け取ると、脳はパンクして死ぬといわれています。なので、私たちの脳は、自分にとって必要なものだけを厳選しているフィルターの役割をしてくれています。


これはどういうことかと言うと、たくさんの情報や現象が溢れる中で、あなたの中の世界では、あなたが真実だと思っていること、過去の経験則から重要だと思う部分だけがピックアップされて、「目に見える現実」となって、起きているように見えているということです。

例えば、あなたが「赤いバッグが欲しい！」と思ったら、途端に街を歩いていたら、赤いバッグを見かける頻度が増えますし、あなたが「黄色のワンピースが欲しい！」と思えば、黄色のワンピースを着ている人が目に入るようになります。

実は引き寄せの法則というのは、このように情報の取捨選択の連続と、その積み重ねの結果によって、次第に望む未来に人生が近づいていくということなのです。

ですから、あなたが「自分は運がいい！」と感じていれば、運がいいことに意識がフォーカスし、運が良いと思えることがたくさん起きてきますし、その逆に、「運が悪い！」と感じていれば、運が悪いと思えることがたくさん起きます（目につくようになるとも言えます）。

しかし実際は起きている現象は同じはずなのですが、自分の中に情報としては入ってこないのです。

その結果として、前者は心が幸せで心地良い状態になり、自己超越の世界に入りやすくなっていき、より願いが叶ったり、理想的な人生が引き寄せられていく一方、後者は心が荒れて、嫉妬や怒りによって、より自分と他者の分離が始まり、願っても引き寄せられない現実が続いていく。

私はおみくじでよく大吉を引くのですが、全体の8割くらい大吉を引いているのではないか、というイメージを持っていました。これが私にとっての「真実」。でもきっと事実は6割くらいの確率だと思います。もしかしたら4割くらいかも（笑）。

ただ実際に大吉が出たら、「やっぱり私はよく大吉引くわ！」と思うけど、小吉や中吉だと、「ふーん」くらいで記憶から消すのです（笑）。

こうやって大吉の印象だけが強く残り、「私ってよく大吉を引く」という信念が強くなるのです。

あなたが普段からどこに意識を向けていて、自分のことをどう捉えているのか、これこそが重要だということです。

その結果として、意識する先を向けたら見える現実、集まってくる情報が変化するということです。

「ない」ではなく、「ある」に意識が向くことで、いろんな「ある」という情報が答え合わせのように集まりだします。

これは自分のセルフイメージ通りの情報が集まり、その世界が形成されていくということであり、先に書いたＲＡＳとスコトーマ、これをどう変化させていくかにかかってきます。

RASとスコトーマは何によってできているか？

それは自分にとって重要かそうでないかだ、とお話ししました。

では、重要かそうでないかは、何によってできてくるのでしょうか？

それはズバリ過去の記憶、脅威だったりします。

人間は生存本能があるので、死なないように、過去の記憶によって重要かそうでないかを決め、自分が脅威に晒《さら》されないようにどんどん蓄積していきます。

それはいい意味では危険を回避するということになりますが、見方を変えると、危ないことを避け、自分の世界をどんどん狭くしていっているということです。


RASとスコトーマは、基本的に自分を守ってくれるものですが、同時にそれは視野を狭め、選択肢や自分の可能性を広げることを、邪魔してしまうことがあるのです。

もちろん今の生活に対して、現状維持を望むのであれば、これ以上言うことはないシステムなのですが、今の自分自身の人生に納得がいっていない場合や、今とは違う望む未来がある場合、現状のRASとスコトーマを変えていく必要があります。

ということは、「今」の自分では見えていないものを見ていく、そこに向けて自分を変えていくことが必要となります。

そのために必要なことは、「ゴール設定」です。

RASを発動させる（今までの設定を変えていく）には、ボンヤリと、「お金持ちになりたいなぁ」「結婚したいなぁ」「有名になりたいなぁ」という気持ちでは、中々変わりません。

RASを発動させるのに必要なのは、「現状の外側のゴール」を作ることなのです。ゴールを設定し、ゴールに責任感を持って決断することによってこそ、RASが発動して、新しい世界へと向かうシャッターが開き、ゴール達成までの道筋が見えてきます。

そのために必要なことが、「願いが叶った先を見る」ということです。

要するに、「お金持ちになって、どうしたいのか？」「有名になって、何がしたいのか？」「結婚して、どんな家庭を築きたいのか？」、そういった願いが叶ったその先を具体的に見ることができればできるほど、RASは強く発動します。

そして同時に、その願いが叶った先を見るということは、その願いが叶ってどうなりたいかということを見ることであり、そこには、自分以外に自分の大切な人や支えてくれる人たちの笑顔や喜びが含まれることが多く、自分の願いが叶うことによって、その人たちが喜んでいる姿を想像することが、心をより心地良い状態へと導いていき、自然と自己超越の世界へと導いていってくれます。

そうなると、より願いの実現が早く引き寄せられるようになっていきます。

シン引き寄せの法則④
――R＝I×Vの法則――

先に私は、「引き寄せの法則の真実は、今感じている自分自身の心の状態を、そのまま繰り返す法則である」と書かせていただきました。

これは言い方を変えると、「現実は、同じ感情を感じさせる出来事を永遠に繰り返す」ということでもあります。

そのために、これまではその感情が正常に作動するように、その心の部分の、いわゆるセルフイメージや、そのセルフイメージを形作ってきた過去、原体験を修復していくことを伝えてきました。

このセルフイメージを変えていくことがポイントではありますが、セルフイメージを変えたあとに、望み通りの現実を引き寄せるために、大事なことがもう1つあります。

それは「臨場感」です。

「R（リアリティ）＝I（イメージ）×V（ビビッドネス）」

リアリティとは現実。それは想像（イメージ）と臨場感（ビビッドネス）の掛け合わせによって決定される。

これに当てはめると、まず自分自身がなりたい自分や理想の未来を思い描いて（イメージ）、そこに臨場感を加えていく。

臨場感というのは、実際にその場にいるような感覚。

その感覚こそが、あなたの放つ周波数を変えて、また同時にRASとスコトーマを発動させ、望む現実を引き寄せるスピードを加速度的に上げてくれます。

では、その臨場感を高めるにはどうしたらいいのでしょうか。

その前に、臨場感がいかにイメージの現実化を早めるかという話をさせていただくと、過去にオーストラリアの心理学者アラン・リチャードソンが行った実験があります。

彼は、3つのグループにバスケットボールのフリースローの練習をさせました。第一グループには20日間毎日練習をさせました。第二グループには1日目と20日目だけ練習させましたが、第三グループにも1日目と20日目だけ練習させました。第三グループにも1日目と20日間の期間はイメージの中だけで練習をさせました。イメージは毎日20分。自分がフリースローをしている場面を頭の中でイメージしてもらいました。イメージの中でフリースローを「失敗」したら、次のスローは、やはりイメージの中だけでうまくいくように「練習」させました。

その結果フリースローの成功率は、第一グループは24%上がりましたが、第二グループはまったく上がりませんでした。第三グループは23%上がりました。

この実験からもわかるように、現実化にはイメージと臨場感の力が大きく関わっており、100歩譲ってそういったことが信じられないという方がいたとしても、やって損をすることではないということだけは、わかっていただけると思います。
もちろん願いや理想の現実化には、行動がありきです。

この地球は行動の星とよく言われるように、神や見えない存在に願ったり、引き寄せの法則を使っても、自分自身が行動しなければ意味がありません。

神さまも見えない存在も、寝ている人を起こして、顔を洗って歯を磨かせて、着替えさせて、玄関まで送りだすといったことはしてくれません。

しかし一度自分自身が「やる」と決めたその時に、願って祈って、動き出せば、その行動に追い風を吹かせてくれる存在です。

そして、その時にイメージと臨場感が加われば、その追い風がより強力になっていく。そんなイメージでいてくれたらと思います。

意識というのは無限であり、過去にも未来にも行くことができます。

しかしその意識というものを、ほとんどの人は不安に意識をフォーカスしてその臨場感を感じてしまっています。

「失敗したらどうしよう……」

「変な目で見られたらどうしよう……」

「何も変わらなかったらどうしよう……」


日本人は、不思議とネガティブな臨場感を感じるのが上手な人が多く、頼まれなくてもそれをやる人が、非常に多いと思われます。

とはいえ、それも過去の積み重ねによって培われたRASとスコトーマが関係しているわけですが、それについて少し自分自身の実体験を交えて話をさせていただきます。


先に書いてきたように、私自身もかつて、お金がなくて貧困状態に陥っていた時があります。その時は、両親にお金や食材を援助してもらっていました。

その時の自分は顕在意識では、「この状況を何とかしたい」「お金が欲しい」「お金持ちになりたい」と思っていたわけですが、潜在意識では実際は、両親に借金、食材の援助をしてもらうことで、気にかけてもらえている、大事にされていると感じていたのです。

要するに、「この状況を何とかしたい」「お金が欲しい」「お金持ちになりたい」と思っていながら、そこにイメージや臨場感はまったく持っていなかった。

まさしく先ほど書いた、願うだけで行動をしない人間でした。

「稼ぎたい」と思いながら本音の部分では、「稼いでしまうと、両親に構ってもらえなくなる」、そう思っていたからこそ、いつまでも稼げない自分でいたかった。

自分自身がそう選んでいたわけです。

かわいそうな自分でいることで、「誰かが助けてくれる」

だめな自分でいることで、「親がめんどうを見てくれる」＝自分を気にかけてくれている、愛されているという自覚が持てる。

願っているのに、願いが引き寄せられない。これもそういった人に、多く見られるパターンです。

現状のメリット

他にも、クライアントの方から「風邪などの病気以外は治らないですよね」「一生付き合っていくものですよね」と言われたことがあります。

私は思わず、「え……？」と言ってしまいましたが、その方の中では、「病気は治らないもの」「一生付き合っていくもの」という設定だったのです。

だから、検査に行っても良くなったり悪くなったりを繰り返していました。

「苦労は買ってでもしろ」

この言葉を、私を含め誰もが過去に一度は聞いたことがあると思いますが、日本人は、苦労すること、頑張ることや努力、そのもの自体を美徳としている性質ではありますが、同時に、苦労すること、頑張ること、そのもの自体で、誰かに「頑張ってるね」と認められたいと潜在的に思ってしまっているケースがあります。

これは誰かに認められたいという、承認欲求から頑張り続けてしまうのです。

マズローの6段階欲求で言う、4段階目の承認欲求ですね。

しかし、苦労するための苦労や、努力のための努力になってしまっていては、どれだけ苦労をしても、どれだけ努力をしても、ハムスターが走り続けて永遠にカラカラを回し続けるように、目の前の現実が変わることはありません。

だからこそ、その承認欲求を超えて、その願いや理想は「誰のために、何のために」あるのかを想像して、そこに臨場感を感じてみてほしいのです。


臨場感を感じるためにまず必要なことは、自分自身が描く理想や願いを実現している人が、どういう生き方をしているかを知ることです。

例えば、「ハワイ旅行に行きたい」という願いを持ったとします。

スマホや雑誌などの情報のまったく無い状態の江戸時代の人が、「ハワイってどんなところだろう?」と想像しても、具体的なイメージや臨場感がまったく湧いてきませんが、今の時代の私たちならスマホで検索したり、雑誌で調べて、どんな島なのか、海はどれぐらい綺麗なのか、ハワイに行くためには飛行機で何時間かかって、航空券がいくらぐらいで……と、情報が入ってくることで臨場感とともに、具体的に自分自身がハワイに行くイメージが湧いてきます。

しかしこのハワイが、火星になったらどうでしょう。

「無理」という感情が先立ってしまって、RASとスコトーマが発動しないばかりか、あなた自身が発する周波数もピクリとも変わりません。

だからこそ、まずは咄嗟《とっさ》に心が「無理」と抵抗してしまうような、とんでもなく大きな願いを掲げるのではなく、自分自身が想像できる範囲での願いを掲げてみましょう。

「○○さんに会いたい」

「○○に旅行に行きたい」

そんなところから始めていって、まずは「できる」という感覚を養ってください。

そこから段階を踏んでいきましょう。

先ほども述べた通り、今の時代はスマホを使って、今までよりも簡単に臨場感を感じることができます。

憧れの○○さんの動向をSNSで知ることができますし、簡単に連絡を取ることもできます。旅行に行きたければ簡単にその場所を検索することができますし、YouTubeでバーチャル体験をすることもできます。

それを繰り返していくと、次第に心の抵抗が外れていって、スルッと願いが現実化していくことでしょう。

引き寄せのために必要なのは、やる気より「その気」です。

自己肯定感を上げよう！　と言ったりしますが、自己肯定感とともに大事なのが自己効力感（エフィカシー）。

自己効力感とは「私ならできる！」という感覚です。

これをぜひ小さな段階を踏んで、養っていただきたいと思います。

そこまでができたら、次は大きな願いを掲げてみましょう。

わかりやすい例で、「年収1億円」としましょうか。

これを見た時に、咄嗟に「無理」と思ってしまったら、それが現在の自分自身の心の現在地だと思ってください。

まずは、その心の状態を受け止める。

そして次に、年収1億円の人が行っている生活習慣やライフスタイルを、できる限り具体的に見てみましょう。

・年収1億円ということは、月で割ると約833万円。
・日本人の平均月収は、31万8300円（2023年）。
・その差額、約800万円。
・ではその差の収入を得ている人は、一体どのように得ているのでしょうか。
・独立開業→現在の自分がやっている仕事に関連した仕事で独立する→創業計画→開業資金はどこで借りることができるのかなど。
・副業を行う→自分の持っているものや既製品を安く仕入れて高く売る「せどり」を行う、株式投資や不動産投資といった投資を始める→そのためのセミナーに行く。
・実際に年収1億円以上の人に会ってみる→どんな生活をしているのか、マインドや描いている未来、ライフスタイル、食生活、税金対策など、その人の発する周波数を自分にインストールする。

・得た情報と臨場感とともに、小さなところから行動していく。

自分がイメージできたものはこの世界に存在しています。私たちはいつも未来を見ているのです。だからイメージをすると、その意図の力がゴールに行き着くための情報やチャンスを集めてきます。

ここで行動しない人がほとんどです。具現化までもう一歩のところで怖《お》じ気づいてなにもやらない、挑戦しない、という選択をし、急ブレーキを踏んで結局元の人生に戻ってしまうのです。

このサイクルを繰り返していくと、徐々に良質な情報と臨場感が積み重なっていき、同時にあなた自身の発する周波数が変化していきます。

臨場感が高ければ高いほど、現実化の速度は速くなっていきます。

またこれらのサイクルを眺めるとおわかりいただけると思いますが、これらに取り組む時点で、願いを掲げる前の、これまでのあなた自身が考えていたことや行動と、思考回路自体が激変していることを感じていただけると思います。

これがいわゆる「変わる」ということであり、引き寄せの法則をその人生に取り入れる意味だと思っています。


またこれまでと違い、こういったことは高いお金を支払ってセミナーに行ったりしなければ得られなかった情報だったりしましたが、先述の通り、今の時代はスマホを使ってこういった情報を簡単に取ることができます。

だからこそまずは、お金をかけなくてもできるところから、徐々に始めてみてほしいと思います。

シン引き寄せの法則❺
――シン引き寄せの法則の真髄――

こうして臨場感を感じるためには、「情報」というものが必要というのは、わかっていいただけたかと思います。

良質な情報が多ければ多いほど夢や願いに対する心の抵抗がなくなっていき、それらが積み重なっていく過程で、臨場感が高まり、現実化が加速していく。

ここで思い出してほしいことがあります。

それは結局あなたが願いを叶えた先に、どうなりたいのかということです。

先にも書かせていただきましたが、願いを叶える意味、夢を叶える理由、それはすべからく「幸せになるためにある」ということです。

先ほどは引き寄せの法則のノウハウについて書きましたが、改めてここの部分が抜けてしまうと、どれだけ欲しいものが手に入っても、たとえ年収1億円になれたとしても、今ある不安感や渇望感が変わることはありません。

果たして、それは幸せなのでしょうか。

そう考えたときに、欲しいのは未来ではなく、感情や感覚であるということを忘れないでいただきたいと思います。

それを忘れないために、願わくば、皆さん自身が欲しいものや未来を思い描いたときに、同時に、「その願いは誰のためにあるのか」「何のためにあるのか」、その意味を忘れないでいてほしいと思います。

先ほど私は、「日本人は不思議と、ネガティブな臨場感を感じるのが上手な人が多く、頼まれなくてもそれをやる人が非常に多い」と書かせていただきましたが、それは日本人自体の優しさの表れではないかと思っています。

先ほどは年収1億円というのを例に挙げて、引き寄せの法則のノウハウをお伝えさせていただきましたが、中には、「そこまでは求めていない」「お金よりももっと愛情や思いやりに溢れた生き方がしたい」と思われた方もいるかもしれません。

何より私自身、そのような相談をこれまでにいただいてきたこともあります。

だからこそ、忘れてほしくないこと。


その願いの先に、誰が喜ぶのか。

誰を幸せにできるのか。


そのことを繰り返し、繰り返し問い続け、その願いが叶ったときの、そのあなたの大切な人の喜んだ笑顔や表情を繰り返し、繰り返し、想像してください。

そこでイメージが膨らんだ先で、心がジワッと温かくなってきたり、涙が溢れてきたなら、その願いは魂の願いであり、イメージができたならもう叶うものだと思って大丈夫です。

これこそがシン引き寄せの法則の真髄であり、日本人の特性に最も適した引き寄せの法則のあり方だと思っています。

日本人は優しい。
自分のためには頑張れなくても、誰かのためには頑張れる。

その特性を生かし、あなたの夢や願いの先に、誰かの幸せを乗せてください。

思い起こせば、これまでの日本はそのようにして経済成長すらも成し遂げてきたのです。

有名なパナソニック株式会社の創業者松下幸之助さんは、幼い頃に自分自身の母親がお米を炊くのに苦労している姿を見て、炊飯器の構想を得たと言います。同じように寒い冬に手をかじかませながら洗濯をしている姿を見て、「世のお母さんをもっと楽にさせてあげたい」という思いで、洗濯機を開発したと言います。

松下幸之助さんと言えば、年収1億円どころか、億万長者ですよね。

でもきっと松下幸之助さんは億万長者になりたいと思って、なったわけではないと思うのです（もっと言うなら、億万長者になったことや、そのこと自体の価値を何とも思っていないと思います）。

自分のお母さんをはじめ、日本、世界中のお母さんたちを楽にしてあげたい。

その結果として歩み続けてきた結果、会社が大きくなって、億万長者にもなれた。これこそが、マズローの6段階欲求の6番目、「自己超越」の世界です。

このような思いを持って、日本の高度経済成長を支えた経営者は、たくさんいたといいます。

そしてこの自己超越の世界は、私自身、神さまや仏さまと同じ次元の世界だと思っています。

神さまや仏さま、いわゆる目には見えない存在が願うことは、世の中のすべての人の幸せであり、世界の平和です。

それに貢献しようと生きる人を、神さまや仏さまは全力で応援してくれる。

また実際に世のため、人のために貢献する人は、神さまや仏さまと同じことをしていると言っても、過言ではありません。

いわゆるそれが神さまや仏さまと同化するということであって、それこそが自分であって、自分でない世界。自分を愛するように人を愛し、人を愛するように、自分を愛する。

そしてそういった思いを持って生きる人の周りには、また同じような思いを持って生きる人たちが集まり、与え与えられ、愛し愛され、思い思われる、愛や思いやりの循環が永遠に繰り返され、まさしく夢の先に描いていた、「幸せになりたい」という思いも実現していく。

これこそまさしく壁や分離の一切ない、すべてが調和し、統合された自己超越のワンネスの世界であるということです。

そのことを理解の上、あなた自身が掲げる夢や理想、願いというものを、世に宣言してほしいと思います。

胸を張って、「億万長者になりたいです！」とは恥ずかしくて言えない方もいるかもしれませんが、胸を張って、「大切な人のために、願いを叶えたいです！」と言える方は多くいると思います。

その結果として、より鮮明に、具体的に、夢や願いの先を描いて言葉を発したなら、そこに感情が乗って、引き寄せの効果が発動する。

アファメーションという、これも思考現実化のノウハウがありますが、「○○になりました！」と、何度も何度も言うことで自分の意識に刷り込むことができ、なおかつ夢が叶ったときのエネルギーを放つから引き寄せが起きて現実が変わるというものです。

しかし、これは「やらなきゃ」という思いで、1万回唱えても意味がありません。

それよりも、感情、感覚を込めて1回唱えるだけの方が、効果が高いといわれています。

願いを叶えるために、大切なことは感覚であり、感情です。

そして、その先に描く未来です。

願いを叶えて、何がしたいのか。
夢が形になって、どうなりたいのか。
その時あなたは何を感じているのか。

それが具体的に見えれば見えるほど、夢の現実化が早くなる。
それこそが、従来の引き寄せの法則を超えた、「シン 引き寄せの法則」であるということを、お伝えさせていただきたいと思います。

第3章 魂を超覚醒させる方法

シン・スピリチュアルの考え方

俗に言われている「スピリチュアル」というものの、世間一般で持たれているイメージや、あなた自身が「スピリチュアル」という言葉に持っているイメージはなんでしょうか？

私がこれまでセッションなどを通して、初めてスピリチュアルというものに触れる人たちが期待して来られるのは、ハイヤーセルフやアセンデッドマスター、天使、龍神さま、守護霊さまなど目には視えない存在、それら高次元の存在とつながり、特別な能力を得て、人生を思い通りに変えていくことを目的とする方が多かったです。

メッセージを降ろしたり、そのつながりから安心感を得たりして、幸福感を感じることで人生が好転していくものと捉えられていましたが、正直それは「スピリチュアル」という概念のほんの一部のことであり、またそれ自体は結局手法のひとつでしかなく、スピリチュアルの本質ではありません。

ただそれが「スピリチュアル」として世間一般に広まってしまっていることで、

「特別な人にしかできないこと」や、時には、「怪しい」「偏っている」という間違ったスピリチュアル観が広まってしまっているように思います。

これまで、またこの章で、私が改めて提唱する「シン・スピリチュアル」とは、魂と自分を一致させて、自分の存在そのものを認めていき、魂との一致感を感じながら宇宙の流れを生きることです。

神さまや見えない存在とは、本来自分の外側にいる存在ではありません。

神さまや見えない存在とは、本来自分の内側にいる存在であり、もっと言うなら、自分自身と同一の存在だと思っていただきたいです。

そのことに気づき、分離や壁を無くしていき、すべてとの統合と調和を目指していくことこそが、「シン・スピリチュアル」の考え方です。

かつての私がそのことに気づき、人生が好転していったように、私にとってそれはまさしく魂が覚醒していく「超体験」でした。

この章では、あなた自身の魂が超覚醒していくための方法を、お伝えしたいと思います。

魂の純度を上げる方法

宇宙の源と繋がり、本来の自分、魂との一致感を感じながら生きる。

改めて、それがどういうことかをお伝えさせていただきます。

私たちは、幼少期から好むと好まざるとに関わらず、周囲の人の影響、特に親の影響を受けて育ち、学校では周りと合わせなければいけないということを教えられ、出る杭は打たれることの多い世の中で、周りの目を気にして、自分の意見が言えなかったり、生きづらさを感じてきた人も少なくないかもしれません。

これは日本社会が明治以降作ってきた社会システムのひとつであり、「富国強兵（国の財力を富ませ、兵力を強めること）」「一億総玉砕」などのスローガンが象徴的なように、社会のために自分を犠牲にして尽くすことが当たり前、美徳だと教えられ、戦争が終わった昭和の時代になっても、また令和の今の時代になっても、その教育の名残が残って、私たちは誰が作ったのかもわからない「常識」に縛られ、他人の価値観を植え付けられてきました。

しかし、この状態のまま、「魂のままに生きる」ことができるでしょうか？

人それぞれ個性が違い、生まれや育ちも違う。

その中で、画一的な生き方を求められ、画一的な幸せ像を提示される。

それがかつては、昭和の時代のように社会や経済としてはうまく機能していた時代もあるかもしれませんが、実際はそこには、女性や母親の我慢や忍耐があった結果であり、「個」としての幸せは見つけにくい時代だったかと思います。

まずは、そのことや時代背景に気づくことが第一です。

個の時代

そして時代が進み、平成、令和となった今この時代は、ある意味で、「個」の時代ともいわれています。

その「個」の時代を幸せに生きるために、まずはそれぞれが宇宙の源とつながり、本来の自分と分離するのではなく、一致感を感じながら生きていくのが大事なのです。

そのためには、**当たり前や常識からの脱却、他人の価値観からの卒業が必要です。**
これが魂の純度を上げるということです。

先ほど書いたように、一人一人「幸せ」と感じることが違うように、100人いたら100通りの考え方、感じ方があるはずなのに、「常識」「当たり前」の枠に同じようにはめ込むことに無理があると思いませんか？

魂のままに生きるというのは、あなたが感じるままに、自由に、あなただけのオリジナルの人生を創造していくことです。

誰とも被らないあなたは唯一無二の存在です。
あなたと同じ容姿で、同じ人生を歩んでいる人は誰ひとりもいません。
あなたが経験してきたことはとても尊いものなのです。
どれだけ嫌な思いをしたとしても、後悔するようなこと、思い出したくないことも、あれもこれもあなたしか経験していないのです。

私たちは一人一人が尊く、可能性に溢れています。

あなたが本来の自分との一致感を感じながら生きたいのであれば、魂の純度を上げていきましょう。

魂の純度を上げるには、あなたが当たり前だと思っている価値観を疑ってみてください。

それは本当にそうなんでしょうか？

全世界80億人に当てはまることでしょうか？

そうやって振り返ってみると、自分が正しいと思い込んでいたことが、実はいつの間にか誰かや何かに刷り込まれて、そう思い込まされていたことに気づくはずです。

魂の純度を上げて生きている理想の状態は、赤ちゃんやまだ自我の無い子どもだと思ってください。

誰かと自分、世間と自分、世界と自分。

そういったひとつひとつに壁や偏見がなく、無垢《むく》な心で向き合える。

世間を疑うことなく、人を疑うことなく、自分自身を疑うことがない。

そんな自分になることができたなら、宇宙の源とつながることができて、心配や不安ごとがなくなり、本当の自分と一致した状態の日々満たされた中で、毎日を生きることができる。

「いや……」
「でも……」
「だって……」

今このことを読んでいて、もしその言葉が出てきていたら、それこそがあなたと魂が一致することを邪魔している、これまでの経験で積み重ねられてきた、自分自身の自我であり、エゴです。

次項で、このエゴと上手に付き合う方法について、お伝えさせていただきます。

自分のエゴと上手に付き合う方法

まず前提事項として、エゴは決して悪いものではありません。

うまく付き合っていくこと、うまくコントロールすることができたなら、むしろより幸せを引き寄せてくれることもあります。

例えば、「人と比べることは良くないこと」とされていて、よく「人と比べなくて良い」と言われますが、実は人と比べることは良いことでもあるのです。

私たちは人と比べることでしか、「自分」というものを認識できません。

ですが、ほとんどの人が、自分と誰かを比べて、自分の劣っているところにフォーカスします。では、人と比べて優れているところを探そうというと、そういうことでもないのです。

そうではなく、人と比べて劣っているところ、優れているところ、とジャッジをするのではなく、自分にはこんな個性があるということを認識すればいいのです。

あなたは個性の塊です。

何度も言いますが、あなたの容姿で、あなたほどの個性や可能性に溢れている人は、他にいません。

エゴがあってもいい。

これまではエゴが出てきたら、それをダメなこととして、無理やりポジティブな感情や気持ちに変換するということにフォーカスされてきましたが、エゴがあることを否定しなくてもいい。

それが、「シン・スピリチュアル」の考え方です。

ただ、そこにジャッジを入れてしまうから、苦しくなったりつらくなったりするのです。


エゴが出てきたときに、「こんなこと言ってはいけない」「相手にどう思われる

か」が気になって、グッと堪えたりしてしまいがちですが、「私はこれがいい！」と言うのは自由です。

例えば友人の集まりで頂いたケーキをそれぞれ好きなものを選ぶ、というシチュエーションがあったとします。

ほとんどの人は周りの様子をうかがいますよね。でも考えてみてください。

そこで「私コレが食べたい！」って言ったら、周りは「どうぞ、どうぞ！」と大体なりますよね。

「私はコレがいい！」と言った人のほうが、結局は夢が叶いやすいのです。

ここで出てくるのが、「ワガママ（エゴ）だと思われないか」ということですね。

それに対して言えることは、その時に「○○ちゃんってわがままだよね」と言ってしまう人ほど、自分の気持ちを押し殺して、「これがいい！」と言えない人です。

人に対してムカつく、腹が立つということは、大体が、自分が本当はしたいのにしていないこと、できていないこと、我慢していることを、簡単にやってしまう人がいるから、腹が立つ。

いわゆる、自分に許可ができていないということです。

だからそれを簡単にやってしまう人を見ると、叩《たた》きたくなってしまうのです。

でも現実は、最初に希望を言った人が好きなケーキを選ぶことができていて、譲ってしまった人は、「本当はあっちのケーキが食べたかったのに……」と思って、モヤモヤした気持ちを抱えたまま、生きてしまうことになります。

ただそれが、例えば自分自身の子どもや誰かに対して譲ることが、自分の幸せであるならまったく構わないのです。そういう方も実際にいらっしゃいますし、母性や親心というのはそういうものです。

ただ実際はそうではないのに、「我慢すること、譲ることが美徳」と思ってしまって、自分自身を抑えつけてしまっているとしたら、それは違うということです。

たとえもし自分の希望を言って、それがワガママだと思われてたとしても、それはその人の問題であり、あなたには関係のないことなので、あなたがやりたいと思ったこと、これがいいと思ったことは伝えたらいいのです。

しかしここで注意しないといけないのは、もしあなたが、「これがいい！」と言ったことが叶わなかったときに、怒ったり拗《す》ねたりするのはわがままです。

それは幼稚であり、大事なのはエゴにジャッジをいれないということ。


良いも悪いもないし、叶っても叶わなくてもどちらでもいいけど、「私はこれが良い！」というのは自由です。

先ほどのケーキの話で例えるなら、自分自身の希望を言った後に、自分が真っ先にそのケーキを取ってがっついて食べるのではなく（こういうふうに想像をするから、自分自身の希望を言うことがワガママなことと思ってしまう）、同時にみんなの希望を聞いて、希望が被《かぶ》ったらじゃんけんでも、抽選でもすればいいのです。

それでもし希望のケーキが食べられなくても、自分の希望を言ったということが大切なのです。

このエゴ自体をそもそも悪いものとして扱ったり、「これがいい！」を無視して、我慢ばかりするから、エゴが暴走していきなり爆発してしまうのです。

これが周りの人からすると、ハッキリ言って一番迷惑です。

今までニコニコしていたかと思ったら、急に怒り狂うわけですから。

だから、まずは自分自身の中心とつながるために、やりたいことや願いが出てきたときは、素直に意思表示をしましょう。

これは簡単なようで、今までやったことのない人からすると、簡単ではないように感じるかもしれませんが、簡単なことです。

宇宙や、神さまはじめ目には見えないものには好きにオーダーできるのに、友達や家族など自分以外の誰かが関わってきたときに希望を言えなくなるのは、これまで遠慮してきたり、周りにどう思われるかが気になるからですよね。

それってつまり誰のことも信頼していないし、自分の保身のために自分を押し殺しているだけなので、結局、最後に苦しくなるのは自分です。

私は、夫には希望や望みを言いまくります。

しかし夫は、「わがままやなぁ」と言いながら叶えてくれるのです。

そんな夫に、「わがままってダメなこと？　嫌な気持ちになる？」と聞いてみたことがあります。そしたら、「別にいいと思うよ。嫌とは思わんよ」と言っていました。

だから、世の女性には、もっと望みを伝えてほしいと、心から思います。

先ほども書きましたが、結局大切なことは、伝え方や言い方なのです。

希望や願いを出すことは悪いことではありません。

その希望や願いを出してから、周囲と調整して、自分も含め、みんなにとってのベストな形や幸せな形をも決めていけばいい。

この、「自分を含め」というのが、大切です。


まずはこの世の中に、あなたの望みを放ってください。

放てる自分になってください。

そのために必要なことは、宇宙や神さまに頼むことではなく、あなた自身があなた自身のエゴをまず認識し、そのエゴとうまく付き合い、活用していくことです。

「ソースのコール」を聞く方法

「ソースのコール」

突然降ってわいたように出てきた言葉に、驚かれたかもしれません。

ソースのコールとは、自分の中に存在する高次元の声のことです。

P34で、私が神社でなけなしの500円のお賽銭を入れた時に、急に聞こえてきた、「前の夫に連絡しなさい」という言葉。

イヤでイヤで仕方なかったけど、それでもこの言葉に従い、前の夫に連絡した時、そこから私の人生は好転していきました。

「ソースのコール」は、常にあなたに降り注いでいます。

誰にも、平等に、絶対に、です。

従来のスピリチュアルでは、外側にある高次元の存在や宇宙とつながろうとしていましたが、本当は、もうすでにつながっています。

だって、私たちの魂は宇宙の源から誕生しているのですから。

本当はすべてとつながっているのに、私たちには肉体があるので、個々それぞれが独立して存在しているように感じ、繋がりを忘れ孤独感を感じ、魂は源からの分離を体験しているように感じます。

分離感があるから、自分ではない外側のなにかとつながろうとしてしまうのですが、本当は、自分自身の魂と一致していくだけでいいのです。そうすると宇宙とのつながりも感じられるようになっていきます。

自分の魂と一致していない状態とは、他人の価値観で生きていたり、自己卑下したり、自分らしく生きられていないということなので、魂の純度が低い状態です。

この状態でソースのコールを聞こうとしてもモヤがかかり、はっきりとは聞こえません。

でも今までに、ソースのコールが聞こえた経験がある人もいるはずです。

急に仕事や悩み事に対して、良いアイディアが降りてきたり、問題の解決策を思いついたり、ハッと気づく瞬間があったり。そんな経験はないでしょうか？

これこそが、「ソースのコール＝魂の声」であり、いわゆるチャネリングということですが、チャネリングをするときは、まず瞑想《めいそう》をしたり呼吸を深くしたりします。

普段頭で考えすぎたり、不安になったり、起きてもないことをグチグチ考えてしまったりしていても、瞑想しているときは、「今ここ」に意識があります。

過去、現在、未来、と時間がつながっているように感じるかもしれませんが、実は今この瞬間がいくつも重なっているだけで、私たちには、「今ここ」しかないのです。

それなのにほとんどの人が、「今ここ」ではなく過去を悔やんだり、未来の起きてもいない不安なことに意識を使います。

意識には時間や距離は関係ないので、どこの時空へ飛ぶことも可能です。

その意識をまずは、「今ここ」へ戻すことが大事なのです。

そして次に緩むこと。肩の力を抜いてとにかく緩みます。

「今ここ」を感じ、緩む。

そうするとモヤが晴れてソースのコールがクリアに聞こえるようになります。そのために瞑想をすすめる人が多いのです。

でも瞑想が苦手な人もいると思います。私は苦手です（笑）。

そんな方に向けて、大切なことは、意識が「今ここ」を感じて緩んでいる状態を作ればいいということをお伝えさせていただきます。

例えばお風呂で、「ふ〜」とリラックスしているとき、運転中や勉強中などなにかに没頭しているとき、自分で「今ここ」に意識を持っていき、周りにある豊かさに感謝をするのでもいいのです。

自分に合った方法で、「今ここ」を感じ緩んでみてください。

散歩もおすすめです。いつも歩いている道を散歩してみてください。

周りの景色を見たり、空を見たりしながら歩くと、いつもとは違う景色に見えるはずです。おいしそうなごはん屋さんがあったり、道路の脇に咲いている花に目がいったり、普段どれだけ「今ここ」に意識がなかったのかがよくわかるはずです。

ソースのコールやチャネリングと聞くと、特別な能力に感じたり「すごいこと」と感じる人が多いように感じますが、あれ（すごいことと感じさせること）は全部ビジネスです（笑）。

チャネリングはすごいことでもなんでもなく、誰にでも備わった能力で、忘れてしまっているだけです。

何度も言いますが、ソースのコールは、常に誰にでも、平等に、降り注いでいます。

普段はモヤがかかって、聞こえづらいかもしれませんが、「今ここ」を感じて緩むだけでも、魂と一致しやすくなり、その状態のときはモヤが晴れていきます。

そういうときに、今必要なアイディアが降りてくるのです。

それに対して極力、「いや、でも、だって……」の数を減らして、魂の声に従って行動してみる。

すると、本当の意味で、望んでいた未来や行きたかった道に進んでいくことができるのです。

日頃から魂の純度を上げていくことも大事なのですが、「今ここ」を感じて緩むだけでも、ソースのコールは聞こえやすくなっていきますので、どちらもやってみてください。

でも今までソースのコールを意識したことがない人にとっては、「これはソースのコールなの？　それとも自分が都合良いように言っているだけ？」と、最初はソースの声なのか、自分の思考の声やエゴなのか区別が難しいと思いますが、慣れてくればハッキリとわかるようになります。

簡単な見分け方としては、その声を聞いたときにどう感じるかです。

自分の思考の声やエゴの場合は、「〇〇でなければならない」や「やらなきゃいけない」などの制限を感じるものだったり、お金が……時間が……家族が……などのブレーキをかけるようなものだったり、とにかく重く、スピード感がないものです。

これは単純に、その思考から発せられるエネルギーが重たいものだからです。

「気が重いなぁ……」というものや、どこか違和感を感じるもの、それをやっても明るい未来が見えそうにないもの、誰も喜びそうにないものは、すべて思考やエゴの声だと思って大丈夫です。


思考の声やエゴの声は、あなたの純粋な、「これがやりたい！」や「これがいい！」と感じたことを惑わせてきます。

魂の純度が低いと、この声が強くなる傾向にあります。制限やブレーキをかけてくる言葉は、心地が悪いはずです。

どこか心地が悪いときは、魂とズレているときなので惑わされないようにしてください。


またそのような声が発生するときは、不足感や欠乏感を埋めるための感情が、悪さをしているということもあります。

ソースのコールがあなたを惑わしてくるのではなく、結局自分のエゴによって惑わされているということです。

不足感や欠乏感を感じているときは、「これさえあれば幸せになれる」「これさえやれば良くなれる」という視野の狭い考えで、物事を選択しがちです。

その状態で選択をしても、宇宙の流れには乗ることはできません。

結局は自分のエゴですから、むしろ状況は悪化し、もっと状況は追い込まれていきます。

不足感や欠乏感から選択しないように、ニュートラルに物事を見て、純粋に望む未来にとって必要なサインかどうか見極めるためにも、魂の純度が非常に重要だということがわかると思います。

しかしそうは言われても難しいと思う場合は、そんなときにオススメの魔法の言葉があります。

それは、「なにも気にしなくていいならあなたはどうしたい？」です。

魂とズレているときは、他人の価値観を優先したり、過去に囚われていて、その状態で選択しようとしてしまいます。

それだと過去の延長の人生しかありません。大事なのは、今自分がどうしたいと感じていて、ソースのコールが導いている方向に進んでいくことです。

ソールのコールはワクワクしたりホッとしたりもしますが、時に怖いと感じたりドキドキすることもあります（過去の私が良い例です）。

やった方が良いことはわかりきっているけど、やってこなかったこと。

やれば良くなることはわかっているけど、避けてきたこと。

これこそが、ソースのコールです。

それは、今まで体験したことのない世界へあなたを誘う声だからこその恐怖や不安です（バンジージャンプと同じと思ってください）。

本来私たちは無限の可能性を秘めていますが、自分で自分を小さく見積もって、今の世界に留まっているだけなのです。

ソースはあなたの可能性が無限だということを知っていて、本来の魂が進むべき道へといつだって導いてくれます。

だから今の自分にとっては、頭では到底理解のできないようなことも時に起きますし、今の自分ではキャパオーバーだと感じることも起きます。

でも、ソースはあなたがそれを軽々超えられることも、わかっています。

すべてわかっている上で、メッセージやサインを送ってくれているのです。

甘い言葉やぬるま湯に浸かるだけの言葉ではなく、時に厳しく、それでも自分自身の変わる可能性を誰よりも信じて、本来進みたい道へと、背中を押してくれる。

これこそが神さまの親心であり、本当の愛であり、真実のスピリチュアルのあるべき姿ではないでしょうか。

宇宙に明け渡す

何となく、ソースのコールを聞くということのイメージが出てきたかと思いますので、次に大事なこととして、「宇宙に明け渡す」ということをお伝えさせていただきます。

明け渡すというのは、宇宙の流れに抵抗せず信頼して身を任せるということ。
先ほど書いたように、ソースのコールは時に私たちが怖いと感じるようなこともあります。

自分では乗り越えられないのではないか。
自分には荷が重いのではないかと思うようなことも、サラッと平然に、時にそれが残酷に映るぐらい、目の前にチャンスを用意をしてくれます。

ここで抵抗のエネルギーで対抗してしまうと、チャンスが遠のいてしまい、夢が叶うのが遅くなったり、人生が変わらないのです。

人生を変えていくときは、今までの当たり前からの脱却や、自分の枠から飛び出す覚悟が必要です。


ここでブレーキをかけるのも、新しい世界に飛び込むのも、あなたの自由です。


宇宙は、どちらを選んでも応援してくれます。

結局あなたが、魂との一致感と幸福感を感じていれば、どんな状態でもそれが宇宙にとっても成功なのです。

ただ、あなたが今よりもっと幸せになりたいとか、人生を変えていきたいと思うなら、怖いことほど「GO！」なのです！

新しく何かを始めるのに怖くない人なんていません。失敗してない人なんていません。

それでもまだ見ぬ、目指している未来を手に入れたいのかどうかなのです。

宇宙はあなたが望んだものはすべて差し出してくれます。

そこに乗るかどうかは自分次第です。怖いと感じることも、1回目より2回目、2回目より3回目の方が怖さがなくなります。

はじめは怖いと感じていても、それが当たり前になってくるのです。

この繰り返しで、人生はドンドン変化していきます。

私は2023年から「住所は地球！」と言っていました。

そんな感覚であちこち飛び回っていろんな体験をしたいと思ったのです。

でも実際は行動に移せていませんでした。

国内はちらほら飛んではいましたが、私は地球を飛び回りたかったのです。

そんなある日、「エジプトいかない？　来月なんやけど」と、話が急に入ってきました。昔からアラブの宮殿やピラミッドになぜか惹《ひ》かれていた私は「呼ばれてる！」と確信しました。でも実際内心では迷っていました。

その時の旅行の条件が、

・現地で合流
・15年ぶりの海外
・英語がまったく話せない
・一週間も子どもを夫に預けて家を空けたことがない
・お金の問題

などなど。


私には行かない理由しかなかったのです。

行く理由としては、「昔から気になっていたのと、呼ばれてる気がするから」。これだけです。

ここで行かない選択をすることも考えましたが、未来の自分は海外を飛び回って地球を遊んでいるのに、今ここで迷っている自分に違和感を持ちました。

行きたい世界は、目の前に差し出されたのにいかない選択をしたら、その未来が遠のくことだけはわかったのです。

だから私は行く決意をしました。

もちろん行った先でいろんな体験をしましたが、何よりエジプトに行ったことで、どこへでもいける自信がつきました。

その半年後はマレーシアに行き、帰国した翌日に韓国へ行き、海外は特別なものではなく、国内旅行と同じ感覚で行けるようになりました。

また、そのために必要なお金が入ってくるようにもなりました。

こうやって、自分を取り巻く当たり前の世界が変化していくのです。

怖くてやろうかどうか迷ったときは、夢を叶えている未来の自分に聞いてみてください。

魂を超覚醒させる方法 実践編

魂を超覚醒させ、ソースのコールを自由自在に活用し、思い通りの人生を生きていく。そのために、一番大事なのが「魂の純度」をあげることです。

この章の最後に、魂の純度をどうやって上げていくかの話をしたいと思います。


まずは、あなた自身が変わる覚悟をしなければなりません。

耳が痛いかもしれませんが、これはもう絶対です。

たとえ神さまや宇宙が何かをしてくれるとしても、寝ている人間を起こして、パジャマを着替えさせて、歯を磨いて、すべての用意までして送り出してくれる。

そんなことはありません。

「自分らしく生きる」
「ありのままの自分で生きる」

このような言葉をたくさん目にしたり、聞くようになったと思いますが、自分らしく生きるということは、他人の価値観や当たり前から卒業し、自分のあるがままで生きていくということです。

そこには、必然的に自分の人生に対する責任が生じます。

また、これまでの常識や当たり前の枠の中で生きている人たちから見たら、自分らしく生きるあなたは、変人に見える可能性もあるということです。

そうなると、今までお付き合いしていたこれまでの友達関係が変化するかもしれないし、ちょっと周りから浮いているように感じられるかもしれません。

でも、そんなときに惑わされないようにしてください。

今までの生き方に戻りたいのか、もっと自分らしく自由に生きたいのか、何度も言いますが、あなたは選ぶことができます。

周りが変わっていない中、あなただけ変化していくから、浮いているように感じるのは当たり前のことなのです。

自分って変なのかもと思ったとしても、ハッキリ言います。変です。

でも、それでいいんです。

あなたが望む未来と同じ世界で、生きている人に会ってみてください。

どんな人たちが集まる世界で生きたいかを、冷静に見てみてください。

常識や世間体、家族や親戚、社会の目。それらすべてから解放されて、魂が超覚醒したあなたは、どんな世界で生きたいですか?

そして次に、P90の シン 引き寄せの法則❷ ——自分の潜在意識を解明する方法——を。もう一度見てみてください。

私たちには自分の人生の教科書があり、これを解明し、自分が心地いいと思う教科書に書き換えていく必要があります。

あなたが日々過ごしている中で、フッと湧いてきたネガティブな感情をメモに取っておきます。

買い物でお金を払う瞬間の「無くなる……」という気持ちだったり、ママ友と過ごす中での場違い感とか、上司に注意されたときの憤りだったり、人それぞれネガティブな感情が湧くときがあるはずです。

それをなんとなく見過ごさずに、しっかりメモに書き留めておいてください。

・その書き留めたメモから、なぜそう感じたのかノートに書く
・ネガティブな感情は、自分の中の思い込みの核に触れて湧き上がってきている
・自分はそんなことを思っているんだと、自覚する。責めなくていい
・また出てきたら、また自覚する。何度も繰り返す
・そのうちなぜそう思っているのかアホらしくなる。飽きる
・もうこの思い込みはいらない！　と捨てる
・新しい思い込みで塗り替える（再設定）
・ウキウキするもの

・その自分で行動と選択をしてみる

自分が心地良いと感じる生き方で、日々の選択と行動を変えていきましょう。

私たちは1日の間、無意識に選択を繰り返しています。


その選択は、1日2万回以上といわれています。

その選択とそれに伴う行動の積み重ねによって、人生は変わっていくのです。

その選択を司《つかさど》るあなた自身の心がずっと同じでは、人生が変わるはずがありません。


私が人生を変えたいと思った時によくやっていたのは、例えば何かを迷ったら、「何も気にしなくていいなら、どうしたいのか」、ここで湧いてきた気持ちや感情を優先するということです。

そして、それを実際に行動に移してきました。

きっとほとんどの人は、なにかを選ぶとき、無意識にいつものパターンで思考し、決定しているはずです。
そこになんの疑問も抱かない。だって、それがあなたの思考回路だから。

・いちいち立ち止まって自分の思考を観察する
・自分のいつものパターンがわかる
・そのいつものパターンと逆のことをやってみる
・それがバンジーと呼ばれるものだったりする
・やってみると意外と大丈夫だとわかる
・その考えが定着すると、人生が変化し始める

この繰り返しです。
しかしこの繰り返しが、あなたを本来の自分自身に戻してくれて、あなたの魂の純度を上げてくれるのです。

何度も言いますが、あなたは可能性の塊で唯一無二の存在です。

あなたとまったく同じ人生を送っている人は、この地球上を見回しても誰一人としていませんし、そんなあなたにしか、そんなあなただからこそ、できることが必ずあるのです。


誰かと比べてその誰かになろうとしなくていい。

あなたはあなたを極めていけばいいのです。


あなたの魂との一致感を感じてください。

あなたが心地よく緩んで生きていれば、内側から感謝が溢れてきます。


生きていること。

生かされていること。

すべてのつながりによって、今の自分があること。

そのつながりすらも本来は自分自身であり、自分を愛するということは人を愛するということ、人を愛するということは、自分を愛するということ。

言葉にできない感謝がその胸に宿るとき、あなたの魂の純度は上がっており、自分自身の内側とつながり、宇宙の源とつながっています。

日本人は頑張ること、努力することを美徳とし、真面目に生きようとしますが、苦しいと感じることは、あなたにとって真実ではありません。

頑張ること、努力することは、本来宇宙の流れに抵抗して逆らっている状態です。

そのままの状態でいると、そのうち強制終了が起きます。人生がなぜかうまくいってないときは、魂とあなたが一致していないということです。

「こんなに頑張っているのに、うまくいかない」ではなく、宇宙から見ると、「そんなに頑張っているから、うまくいかない」なのです。

宇宙の流れは常に幸せへと向かっています。あなたはその流れに逆らわずに、ただ乗るだけ。抵抗や摩擦をいかに無くしていくかです。

宇宙の法則は超シンプルで、望むものはすべて叶います。
あなたが想像できることはすべてです。
まずは望むこと。

いつかなったらいいなではなく、そうなるんだ！　と決めてください。
そうすると、あとは宇宙がそこにいくための縁やチャンスを用意してくれます。

あなたはそれを摑んでいくだけ。
それだけで、気づいたら夢は叶っています。

とにかく抵抗したり、躊躇《ちゅうちょ》するのをやめて、目の前に来ているものは、あなたにとって必要なこと、乗り越えるべきことなので、逃げずに向き合ってください。

すべては最善です。
だから、なにが起きても大丈夫です。

あなたは、絶対大丈夫だから。

安心して、あなたが思うままに生きてください。


あなたが、宇宙を信頼して、魂との一致感を感じながら生きることができたなら、あなたはずっと安心、安全の中で生かされていたということに、気づくでしょう。


宇宙は愛しかない。

それが腑に落ちたとき、あなたが今まで経験してきたことすべてが、愛おしく尊いものだと感じるはずです。

これまでの過去も、つらい思いも、苦しい思いも、すべて。

あなたが苦手な人やもう会いたくないと思うような人も、何かを気づかせるために存在していて、有り難い存在なのです。


私たちは守られ、愛されています。

宇宙からの愛とエネルギーは常に降り注いでいて、それを受け取るだけなのです。

ただ、ただ、受け取る。

本当にこれだけなのです。


今目の前の現実が、苦しく、つらいものだとしても、それは一旦横に置いて、あなたが望む未来を明確にしましょう。

嫌だと感じる現実があるなら、その逆に、望む現実もあるはずです。

その望む未来の自分で、日々を過ごしてください。

抵抗せずに、流れを意識して身を委ねるのです。

こんなに簡単に現実が変わるのに、変わらないことを選択しているのは、紛れもなく自分自身です。

生命のつながりに気づく

ここまで読んで、いかがだったでしょうか？
最後の方では、誘導瞑想に近いような形で、言葉の流れで魂を超覚醒する方法をお伝えさせていただきました。

自分自身が、現実を作っているということがわかっていただけたでしょうか。
自分の人生を形作っているのは、どこまでいっても自分です。
神さまでも、宇宙でも、他の誰でもなく、自分自身です。

あなたが普段感じていることや、セルフイメージ通りに現実は創られていきます。
今この瞬間が心地よくないとか、ネガティブな感情だったり不安を感じるのは、

魂とあなたが一致していなくて、ズレてしまっているからです。

「私は大丈夫」

「私だから大丈夫」

そう自分に言ってみてください
言い続けてみてください

スピリチュアルとは、本来何かにすがるものでも、依存するものでもありません。

外側の何かにつながるのではなく、あなた自身と、あなたの中にある宇宙につながってください。

あなたが魂と一致して、幸福感を感じているとき、人生は思い通りに自由に創造していくことができます。

あなたが、世界の創造主であることを忘れないでください。

そしてあなた自身だけでなく、あなたに命をつないでくれた、ご先祖さまの存在を忘れないでください。

スピリチュアルの基本や原点は、宇宙や神さまに願うことばかりではなく、自分自身に生命をつないでくれた、ご先祖さまに対する感謝です。

ご先祖さまは、あなたが幸せでいることを心から願っています。

両親にもそれぞれ両親がいて、祖父母にも曽祖父母にも両親がいますよね。

10代遡るとご先祖さまは何人いると思いますか？

なんと２０４６人。

20代遡ると、２、０９７、１５０人。

２００万人を超えます。

たった10代、20代遡るだけで、です。

30代遡ると、20億人を超えてきます（理論上の計算です）。

その生命のつながりの一番先にあなたがいて、またこれだけの数の人があなたのうしろにいて、あなたの幸せを願っている。

そのことを感じるとき、必然的に生かされていることへの感謝が湧いてきます。

そして次に自分自身が、この生命で何ができるだろうかと思う。

その時にある感情は、金運上昇や宝くじが当たるなどといった、ちっぽけなものではなく、すべてに対する感謝と、世の中に何ができるかという愛情です。

その感情に至ることができたとき、あなたの魂は超覚醒をしています。


あなたは、宇宙からもご先祖さまからも応援されているのです。

ひとりではないのです。

ご先祖さまが生き抜いてくれたからこそ、自分の命がここにあるのです。

私たちは、宇宙の大きな流れ、すべての生命のつながりの一部で、生かされているのです。


毎日ご先祖さまに感謝を伝えてください。

そして、祈りを捧げてください。

祈るとは、「意宣《いの》り」のこと。

「〇〇になりますように」ではなく、「〇〇をします」と宣言します。

そして「来たものはすべて受け取り、行動に移します」と、一緒に言ってみてください。

あなたが抵抗しない限り、行きたい未来への扉は開かれています。

どうやっていくかは考えなくていい。

すべて宇宙が用意してくれます。

あなたは安心して進むだけです。

最終章
シン・スピリチュアルと風の時代

シン・スピリチュアルの目指す世界

ここまで本書を読んでいただいて、ありがとうございました。

「シン・スピリチュアル」とは、従来のスピリチュアルが目指していた、高次元の存在や目には視えない存在とつながろうとすることや言葉を降ろすことを目的とするのではなく、すべての源であり、自分自身の本質とつながり一致させることで、ソースのコールを聞き、本来の自分自身を取り戻していく。

それができたなら、望む未来を引き寄せることができるし、お金や名誉といった目先のことではなく、本当の意味でなりたい自分になることもできる。

そのことをこれまでのページをかけて、お伝えさせていただきました。

この章では最後に、「シン・スピリチュアル」というものを一人一人の方が実践して、その先に見据える世界のあり方について、お伝えさせていただきたいと思います。

これまでにも何度か書かせていただいてきましたが、改めて今あなたは「スピリチュアル」という言葉に対して、どのような印象をお持ちでしょうか？

この本を読んでいる方は抵抗はあまりないかもしれませんが、それでもやはり、まだ世間一般では「スピリチュアル」という言葉に対して、批判的な方、敬遠される方が多くいらっしゃいます。

それはなぜかと言うと、スピリチュアルというものが商売になってしまっていたり、悪質な場合は霊感商法などで、質の良くないお金もうけの手段になってしまったりしている、そんな現実があるからです。

私がこの「シン・スピリチュアル」を提唱させていただいていく中で、目指している未来というのは、「スピリチュアル」という言葉自体がなくなる未来です。

ここまで書いてきて、急に何を言い出すんだ？　と思われるかもしれませんが、実は先ほど冒頭で書いた、自分自身の本質とつながればつながるほど、世の中や社会、人生に対して、不安がなくなっていく。

しかしそれは同時に、神さまや高次元、目には視えない存在とつながることや、それらに対する憧れといったものが、反比例するようになくなっていく未来でもあります。

どういうことかと言うと、実は本当の意味で、幸せな人はスピリチュアルには頼らないという事実があるからです。

少しだけ厳しい言い方をすると、心が不安定だから占いやチャネリング、神さまからのメッセージに頼りたくなる。しかしそれは本質的には、自分自身の人生を他に委ねていることにしかなりません。

これが、自分自身の本質とつながり、常にソースのコールを聞き、自分自身の可能性を信じ、自分自身の持つ価値観や生き方を肯定し、自分自身を愛して生きることができるようになったとき、占いやチャネリング、神さまからのメッセージといった類のものは、必要としなくなるのです。

矛盾しているかもしれませんが、しかし、そうやって生きる人が一人、二人……

と増えていくこと。

それは「スピリチュアル」という言葉を、この世の中から無くしていくこととイコールになってしまうかもしれませんが、それが私がこの「シン・スピリチュアル」を提唱して、目指している未来でもあります。

幸せな人のメンター

しかしそうは言っても、人間はみんないつどんなときも、24時間365日、強くいられるかと言えば、そんなことはありません。

もちろん占いやおみくじ、他者からのアドバイスなどに頼りたくなるときもあると思います。もちろん、私もあります。

そういうときは素直にその思いに従い、受け入れてみればいい。

ただそこで出た言葉やメッセージはあくまで、自分自身の判断の参考までに留めておくべきことであり、その言葉やメッセージ自体が、自分自身の人生を決めるものになってはいけないと思っています。


他者からの言葉は、あくまで他者からの言葉であり、最後決めるのは自分。

このスタンスだけは、たとえスピリチュアルに触れるとしても、忘れないでいてほしいと思います（占い師から言われたから自分の名前を改名するなども、あまりおすすめしません）。


しかしこんな話をすると、人によっては不安になる人もいるかもしれません。

では神さまの存在や信頼している人からの言葉を頼りにしてはいけないとしたら、一体私たちは、何によって立っていけばいいのでしょうか？　と、思う方もいるかもしれません。

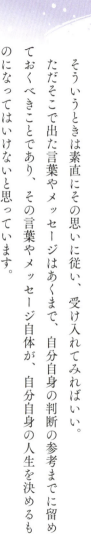

それについてハッキリお伝えさせていただくと、それは「自分自身」です。

自分自身の中で絶対的な善悪の価値観、何が自分にとって正しくて、何が正しくないか。何が心地良くて、何が心地良くないか。違和感のあるない。

そういった人生の判断軸は、一人一人みんな違うものです。

違うものを他の人のものから引っ張ってきて、自分自身にもそのまま当てはめようとするから、逆にうまくいかなくなり、ドツボにハマってしまうのです。

それが、今までのスピリチュアルでした。

自分自身の絶対的な価値観を養い、もちろんその過程の中で、挑戦やチャレンジを経て、失敗もして、その逆に成功もして、自分自身が自分自身を知り、その内面を深掘りして理解していく。

この「自分を知る」という作業は、これまでのスピリチュアルでいわれてきた、インナーチャイルド（幼少期の家庭環境でトラウマとなった負の感情のこと）を癒やすといった手法であったり、潜在意識の書き換えといった手法と、同じように見えますが、その本質は似て非なるものです。
インナーチャイルドを癒やすといった行為も、潜在意識を書き換えるといった作業も、まったく必要ないかと言えば、そうではないと思います。

かつてお釈迦さまは出家をしてから、悟りを開くまでの6年間、古代インドの各地を遍歴しました。
ある時には思想家のもとについて、その教えを学び、またある時には、山の洞窟にいて、苦行も実践しました。

その苦行の様子を一部お伝えさせていただきます。

六年の間、太子は日に一食をとり、また半月一月に一食をとり、足をくみ、威儀を正して坐り、雨風雹にもめげず、唯黙然として、恐れ戦き給うことはなかった。

或る時は歯と歯と噛み合わせ、上顎に舌を引き付けて心を制え、恰かも力の強い人に押し伏せられたように両脇から汗を流されたが、精進の心は退かず、正しい念は乱れないで、却って元気に満ちてその大きな苦に勇み立たれた。

また或る時は無息の禅定を修めて、口と鼻との呼吸を止められると、内にこもった息は、凄まじい音をして耳から流れ出た。ちょうどそれは、鍛冶屋の鞴のように凄まじい音であった。

尚進んで耳の呼吸までを止められると、激しい風気（いき）が頭の頂を衝き上げるので、鋭い刃に衝刺されるようであった。

また或る時は、内の風気が陶器の破片で刺すように烈しい頭痛を起こし、また或る時は鋭い庖刀で剳るように腹を刺して、燃ゆる炭火に身を投げ入れるような烈しい熱を起こした。

しかも太子の心は、少しも退き給うことはなかった。これを見て、或る者は喬答摩は死んだと思い、或る者はやがて死ぬであろうと思い、或る者は覚をひらいて聖者の生活に入られたと考えた。

太子は、更に進んで食を断とうと思い立たれた。驚いた神神は「断食をなされてはいかぬ、もし食を断たれるならば、私たちは神神の漿水を毛孔へ注ぎいれて聖者の生命を支えまいらせよう」と叫んだ。

しかし太子は、断然としてこれを斥けたもうた。

太子は今や僅かの豆小豆の類を取り給うたので、身体が見る見る痩せてきた。足は枯葦のよう、臀は駱駝の背のよう、そして背骨は編んだ縄のように顕れ、肋骨は腐った古家の垂木のように突きいで、頭の皮膚は熟しきらない瓢箪が陽に晒されたように皺んで来、ただ瞳のみは落窪んで深い井戸に宿った星のように炯（かがや）いて居る。腹の皮をさすれば背骨を摑み、背骨をさすれば腹の皮が摑める。立とうとすればよろめいて倒れ、根の腐った毛は、はらはらと抜け落ちる。

太子は思い給うた。「過ぎし世のいかなる出家も行者も、または今の世、来たるべき世の如何なる出家も行者も、これより上の烈しい苦しみを受けたものはないであろう。

（大法輪閣『仏教聖典』より引用）」

しかしこれだけ激烈な修行、苦行を経ても、お釈迦さまは悟りに至ることはできず、ついにはその苦行をやめたのです。

その後、スジャータという村娘から乳粥をもらい、体力を回復させたお釈迦さまは、菩提樹《ぼだいじゅ》の下で悟りを開くことができました。

悟りを開いてまだ間もない頃。お釈迦さまはネーランジャラーと呼ばれる河のほとりにある樹の下で座っていました。

そんな時に、ふとある気持ちが浮かび上がってきました。

「人は苦行をすることで浄められる。それに反して私は苦行を捨てたのだ。一体何を目指している？　悟りに至る道から外れて悟りを得たと勘違いしているのではないのか？」

しかしその時、お釈迦さまは咄嗟にこのように考えました。

「私は様々な苦行を実践したが、どれも意味が無かった。結局役に立たないと知ったのだ。それはまるで、矢の無い弓を引いているようなものだ。私は仏教の智慧《ちえ》と実践によって、悟りの道を修めることができたのだ」
すると、お釈迦さまの中に生まれた、不安定な気持ちはスッと消えてなくなったそうです。

このお釈迦さまのエピソードからわかることは、修行や苦行、それ自体に意味はないということです。それは先ほどのインナーチャイルドを癒やす行為や潜在意識を書き換える行為も同じで、それ自体には意味はありません。

大切なことは、修業や苦行、それらの過程を経て自分自身に得たものを、これからの未来にどう生かしていくか、ということです。

時にどれだけつらい修行をしたということや、苦行をしたということを自慢される方もいます。またインナーチャイルドや潜在意識の書き換えも同じで、過去にどれだけつらい経験をして、それが今の自分の人生にどれだけ大きな影響を及ぼしているかということを、涙ながらに話される方もいます。

酷な言い方になりますが、それ自体に意味はありませんし、そこで留まっていては、結局自分で問題を探しに行っているのと同じで、行動しなくて済むためだけの言い訳を探しているのと変わりません。

しかしフォローではありませんが、お釈迦さまの話で言うならば、それも経験したからわかることでもあります。

お釈迦さまも修行や苦行をしたからこそ、そのこと自体に意味はないということを理解しました。これも修行や苦行をしなければわからなかったことだと思います。私たちも同様に、やらなければわからなかったこと、通らなければわからなかった道、様々なことがあります。

それら1つ1つの過程を経て、お釈迦さまが悟りを得たのと同じように、私たちも1つ1つの経験を積み重ねて、神さまや高次元の存在、メンター、自分以外の他者という存在以上に、自分自身という究極のよって立つ存在や価値観を養っていってほしいと思います。

すると、面白いほどに良い縁に恵まれるようになり、直感が冴《さ》えに冴えて、正しき道がわかるようになり、安心と幸せの中で人生を歩いていけることと思います。

それが、「シン・スピリチュアル」という生き方です。

シン・ワンネスの世界

自分自身の本質とつながり、魂を超覚醒させると、先ほど書いたように人生が面白いほどうまくいくことも1つですが、もう1つ顕著な変化が起きてきます。

それは、自分と人、人と自分。

その境目や境界線がなくなっていく、いわゆるワンネスの世界に足を踏み入れていく、ということです。

「ワンネス」

直訳すると、「すべてはひとつであること、その感覚」のことを言いますが、これもスピリチュアルの世界でよく言われてきた言葉ではあります。

しかし、具体的にはどういうことなのでしょうか。

このことを説明するには、まず私たちの生命の根源についての話をしなければいけません。

私たちは自分であって、自分でない。

この禅問答のような言葉の意味は、わかりますでしょうか。

きっと今の段階ではわからないと思います。

しかし私たちはどこまでいっても誰もが自分であって、自分ではない存在なのです。

私たちは私たちそれぞれの両親の精子と卵子が結合して、母親のおなかの中で十月十日（とつきとおか）の時間を経て、この世に産まれたと、「思って」います。

この「思って」というのを強調したのにも、意味があります。

私たちの両親の精子と卵子が受精卵として結合したその瞬間には、骨もなければ髪の毛もありません。

しかしその骨も髪の毛もない状態から、それこそ十月十日の時間をかけて、私たちの肉体は形成されていきます。

その肉体はどうやって形成されるのでしょうか。

それは主に、それぞれのお母さんが取る栄養であり、酸素であり、水分です。

ではその栄養や酸素、水分はどこからやってくるのでしょうか。

動物であり、植物であり、水ですね。

ではその動物や植物、水はどこから……というと、自ずと答えは見えてくると思いますが、海、山、川……この地球上の生きとし生けるものすべてがあなたや私を構成する要素であり、私たちの生命はそれらすべての結晶である、ということです。

そのように考えたとき、私たちの吐く息ですら私たちのものではなく、この手や足、身体、そのすべても自分であって自分でない。

こうして、本来的には世界は全部ひとつでつながっています。私と世界の間に境界線はなく、世界と私の間に隔てるものはない。それは、あなたも同じ。

あなたは地球そのものであり、地球そのものがあなたなのです。


そのことに気づき、自らの生命の有り難さやつながれてきた生命の大切さを知ることができたなら、自ずと感謝が湧いてくるのではないでしょうか。

目の前にいる人は、良い人も悪い人も、それはすべてあなたであり、あなた自身もその人である。

目の前の人は良きことも、一見悪きことも、あなたの心の代弁者であり、あなたを良くするためにしか現れません。

目の前の人や社会、世界全体があなた自身であり、それら人と人、人と社会、人と世界の境界線を無くして生きる。

そうしていつかこの生命が終わる時には、この借り物である肉体を地球にお返しして、自分もまた土に還り、大気となり、違う形での地球上の一部に戻っていく。

そういう意味で、死というものも決して恐れるものではありません。

ただ、もとの場所に還っていくだけのこと。

生命はそうしてつながり、繰り返されていきます。

そのことに気づき、自分自身もまた地球という大いなる生命の一部として生きていることを自覚して生きていく。

自分を愛するように人を愛し、人を愛するように、自分を愛する。

あなた自身のその心が境界線のない愛で満たされたとき、目の前の人や周囲の人もまた、あなた自身を境界線のない愛で包んでくれることでしょう。

そうして、大いなる流れがあなたの人生を強く、優しく、後押ししてくれるのです。

風の時代の歩き方

少し前の話になりますが、2020年12月22日。

世の中が、「風の時代」に変わったと大きく騒がれたのを覚えていますでしょうか。

風の時代とは占星術用語の1つで、端的に言えば、今まで「地の星座」(牡牛《おうし》座、乙女座、山羊座）で起きていた、グレートコンジャンクション（約20年周期で発生する木星と土星の大接近）が、2020年12月22日に約200年ぶりに、「風の星座」である水瓶《みずがめ》座（その他は双子座、天秤《てんびん》座）で起き、これから約200年にわたって風の星座で発生し続けることを意味します。

占星術において、「地の時代」は物や財などを重んじる傾向があるのに対し、風の時代は知性や意識、情報などを重んじます。

つまり、地の時代から風の時代への変化は、「モノ」から「心」、目には見えないものへと価値観が変化する時代と捉えることもできます。

この「風の時代」という言葉は、その当時ネットメディアやニュースでも芸能人が言及するようになっており、それを見た時に、本当に時代が変わったなあと実感したことを覚えています。

それだけ、世の中全員の集合意識が変わってきたということでもありますね。

しかし「風の時代」に切り替わったといわれ、3年以上の月日が経ち、具体的に何かが変わったかと聞かれたら、答えられる人はどれだけいるのでしょうか。

そして何より、今さらのことではありますが、「風の時代」というのはどういうことであり、どのように生きていけばいいのでしょうか。

そもそも風の時代ですが、これは先ほど書いたように、「モノ」から「心」、目には見えないものへと価値観や重要性が変化する時代のことです。

これを解釈するなら、それは生き方や哲学、精神性が重んじられ、評価される時代になるということです。

これまでの地の時代は、どれだけ多くの物を持っているかということが、評価されてきました。

お金であったり、ブランド物や車、家や宝石など価値の高いものであったり、そういったものを多く所有している人が、いわゆる「成功者＝憧れ」として称賛されてきました。

少し前の時代の「ヒルズ族」や「勝ち組、負け組」などのキャッチコピーを覚えている方も多いかと思います。

しかしそれらの時代を経て、また日本全体で戦後75年以上にわたって経済成長を追い求めてきて、そこ自体に幸せがあったかと言われたら、一概にそうではなかったと思います。

お金があるからといって、幸せではない。

たくさん物を持っているからといって、楽しいわけではない。

むしろそれによって、失うことを恐れて、逆に不安になったり、人間関係や自分自身のバランスが壊れて、不幸になってしまう事例も数多くあります。

有名な話ですが、あのアップルの創業者の故スティーブ・ジョブズ氏も、死の間際になって遺した言葉があります。

そちらを引用させていただきます。


私は、ビジネスの世界で、成功の頂点に君臨した。

他の人の目には、私の人生は、典型的な成功の縮図に見えるだろう。

しかし、仕事を除くと、喜びが少ない人生だった。


人生の終わりにあっては、富など、私が積み上げてきた人生の単なる事実でしかない。

病気でベッドに寝ていると、人生が走馬灯のように思い出される。

私がずっとプライドを持っていたこと、認められてきたことや富は、迫る死を目の前にして色あせていき、何も意味をなさなくなっている。

この闇の中で、生命維持装置のグリーンのライトが点滅するのを見つめ、耳には機械的な音が聞こえてくる。


神の息を感じる。

死がだんだんと近づいている。


今、やっと理解したことがある。

人生において富を積み上げた後は、富とは関係のない他のことを追い求めた方が良い。もっと大切な何か他のことを。

それは、人間関係や、芸術や、または若い頃からの夢かもしれない。

終わりを知らない富の追求は、人を歪ませてしまう。私のようにね。


神は、誰の心の中にも、富によってもたらされる幻想ではなく、愛を感じさせるための「感覚」を与えてくださった。

私が勝ち得た富は、死ぬときに一緒に持っていけるものではない。

私が持っていけるものは、愛情に溢れた思い出だけだ。

これこそが本当の豊かさであり、あなたとずっと一緒にいてくれるもの、あなたに力を与えてくれるもの、あなたの道を照らしてくれるものだ。

(中略)

あなたの家族のために愛情を大切にしてください。

あなたのパートナーのために、あなたの友人のために。

そして自分を丁寧に扱ってください。

他の人を大切にしてください。

いかがだったでしょうか。
一代で財を成した人が、そこに至るまでに愛する人や家族との時間を犠牲にしてしまい、そのことを後世になって悔いることはよく聞く話です。
そのような意味で考えると、私たち日本人は、世界で一番最初に経済成長を経てその意味を考え、「富の行きつく先」について、考え気づいている民族なのかもしれません。

「何のために生きるのか」

それが今の、そしてこれからの風の時代に於いて、重要なこととされていきます。
あなたにとっての人生の意味。

今持っている夢や理想、願い。
それらが叶った先には、何があるのか。
自分はどんな表情をして、毎日を生きていきたいのか。
大切な人は誰なのか。
その人とどんな人生を過ごしていきたいのか。

せっかく生まれてきたのですから、まるで遊園地に遊びに来たかのように、その肉体で、その人生を、大いに楽しんでほしいと思います。

宇宙の法則はシンプルです。

あなたが楽しめば、もっと楽しいことが。
あなたが喜べば、もっと嬉しいことが。
あなたが我慢すれば、もっと我慢させられることが。
あなたが苦しめば、もっと苦しむことが。

今心の奥深いところで感じているその感情が、永遠に繰り返されていきます。
それが、スピリチュアルの真髄であり、真実です。

だからこそ今この瞬間、気持ちを新たに切り替えて、自分を信じて、明るい未来へ歩いていってほしいと思います。

あなたの中の神さまは、そしてあなた自身は、いつだってあなたを応援していますから。

おわりに

この本を読む前と読んだあとでは、スピリチュアルのイメージは変わりましたでしょうか?

もし変わったとしたら、どのように変わりましたでしょうか?

スピリチュアルは何か特別な能力ではないということが、おわかりいただけたでしょうか。

もしかしたら、そういった特別な能力を授かりたい! と思って、本書を読み進めた方にとっては物足りないものだったかもしれません。

しかし、これが私が感じているスピリチュアルの真実です。

冒頭にも書きましたが、今まで私はたくさんの講座を受けてきました。

そのどれもが、特別な能力、いわゆる「視える、聴こえるようになる」というものでした。

しかしどれだけそのような講座を受けても、特別な能力を授かることはありませんでしたし、視えるようにも、聴こえるようにも、ましてや覚醒状態にもなりませんでした。

その後丁寧に自分と向き合い、自発的にたくさんの本を読んで気づきを重ねていきました。特にその中でも、苫米地博士や村松大輔さんに影響を受け、本書に書いた「RASとスコトーマ」の話をはじめ、正しい引き寄せの法則の内容を実践していく中で、人生の問題がスルスル解決するようになっていきました。

すべては自分の意識や周波数によって創られていて、それが変わることで自分に入ってくる情報が変わったり、出会う人も変わっていく。

結局人生は、人との出会いやタイミングによって、良くも悪くも変化していきます。

それがすべて自分発信で創られていくなんて……と、当時の私には目から鱗でした。

そこから私は特別な能力を授かりたいと思って知識ばかりを学ぶよりも、自分がどう生きていきたいか、また今までどこかずれていたように感じる、自分自身の魂との一致感を感じることを最優先に生きるようにした結果、「スピリチュアル」というものの本質を感じ取れるようになっていきました。

「すべての答えは自分の外側に追い求めるのではなく、自分の中にすでにある」

これこそがスピリチュアルの真実です。

もしかしたら「これさえ学べば!」と次々と高額の講座に投資し、これまで失敗してきた方もいるかもしれません。

ただ厳しい言い方になるかもしれませんが、どこか遠くにいる神さまやいるかもわからない救世主など、外側に答えを求めている限り、本質に辿りつくことはありません。

結局のところ自分自身と向き合い、気づいていくしかないのです。

特別な能力を授かることを求めるより、自分と向き合う時間を作ってください。

あなた自身が答えなのですから、あなたがその答えを見つけていくとき、これが人生というものなのだとわかる時が来ます。

私たちは色々な体験を通して学び、成長し、魂を磨いています。

そのためにこの地球にやってきているのです。


魂の一致感を感じ、宇宙視点で物事を観察しながら、この地球を遊べるようになったらどうでしょうか。

地球で生きることがゲームのように感じ、ゲームのように設定を変えるだけで、イージーモードにもハードモードにもなります。

VRのように没入しながら楽しむこともできますし、ゲームを操作している感覚で簡単にシナリオを進めることだってできます。何が言いたいかというと、人生は自分次第ですべて思い通りにできる！　ということです。

だって地球で生きるということは、ゲームと同じですから。

そんなふうに人生を捉えられたら、もっと生きていくことが楽に、簡単になると思いませんか？

問題が起きてもそれはただのイベントなのです。

深刻に考えれば考えるほど、あなたの人生は深刻なものになっていきます。

そういうものなのです。


こういう話をすると、戦争で苦しんでいる人に失礼だ！　などと言ってくる方がいますが、それも人々の意識が、その現実（戦争）を創っているのです。

戦争とはお互いの正しさのぶつかり合いですよね。

資源が足りないから、奪い奪われたり争いが起きるのです。

それを個人レベルに落とし込むと、「自分が正しい」「自分は足りていない」、このような意識の集まりが、「戦争」へとつながっているということがわかれば、ひとりひとりのあり方や生き方、意識の持ち方を変えていくこと、どんな周波数を発信するかということへの重要さがわかると思います。


私たちは深いところでつながっています。

ひとりひとりが意識を変えることで、みんなが目覚めていき、平和な世の中につながるのです。

それがわかっていてもなお、不安にフォーカスし続けますか？　あなたが今やれることはなんでしょうか？

本書では個人個人の意識の覚醒についてお話ししてきましたが、地球や宇宙のために最も重要なことは、ひとりひとりの「覚醒」なのです（ここで言う覚醒とは、魂との一致感を感じながら生きることです）。

あなたはまず自分のために生きてください。

自分と向き合い、自分のために時間を使い、自分が満たされることをしてください。

それが周りのためになり、社会、日本、世界、地球、宇宙と波紋のように影響していきます。

もし周りで生きづらそうな方がいたらぜひ教えてあげてください。あなたは大丈夫。人生はすべて思い通りになるよ！　と。


この本を読んで、あなたが感じたままにお伝えしてあげてください。

あなたが誰かに希望を見出したり、光を見ているのだとしたら、あなたも誰かの希望や光であるということです。

私たちは宇宙の源から生まれた存在で、元はひとつなのです。

私はあなたであり、あなたは私であるのです。


「人類みな兄弟！」という言葉をフッと思い出しました。

そんな言葉聞いたことありますよね？（笑）。

私を大切にすることは、人を大切にすることと同じ、人を大切にすることは私を大切にすることと同じ。

それは犠牲でもなんでもなく、愛なのです。

少し話が逸れましたが、結局あなたがどう生きたいかが大事なので、この本をきっかけに、自分の人生を改めて振り返ってみてください。

そして「私はこう生きる！」と、このページの片隅に書いてみてください。
これからの人生をどう生きますか？
あなたの覚悟をここに綴《つづ》ってください。
ここに書いたものは必ず叶います。

しかし、書いたことに関しての挑戦や行動をしなければなりません。
よく考えて書いてください。

あえて少し煽《あお》るような注意書きをしましたが、やんわり「こうなりたい～」とかではなく、自分の人生を決める！　ということをしてほしかったのです。

さあ、これで今日からあなたの人生は変化の連続です。
書いた通りに人生が変化していきます。
目の前にやってきたチャンスを逃さないで、軽く行動できる自分でいてください。
頭で考えず、あなたの直感を信じてください。

大丈夫！
何がどう転んでも、うまくいくしかないのです！
もうすでに、その流れに乗っています！
あなたなら大丈夫やから！
もっと自分を信じてな！

かわべまい

かわべ まい

総フォロワー3.5万人。

1986年兵庫県神戸市生まれ。

30歳の時に離婚、その後鬱になり、借金&財布の中身500円、給料日に銀行口座を差し押さえられるほどドン底の生活を経験。

2020年に起業し、1年で主婦交代、2年で年商8桁超えを達成。

スピリチュアルの本質を伝え、魂のままに生きる人を増やす活動をしている。

宇宙の法則に則り、人の5倍速くらいの速さで人生を変化させ夢を叶え続けていき、家族がいながらも自由に地球を遊び、現実創造を楽しんでいる。

ライブ配信では歯に衣着せぬ物言いが好評で濃いファンがついている。

YouTube

Instagram

Publishing Agent　荒川祐二
Special Thanks　春芽もあ
制作協力　渡辺眞佐江

シン・スピリチュアル
最高傑作の自分になる

2024年9月20日　第1版第1刷発行

著　者　かわべ まい

校　正　野崎 清春
デザイン　アニー

発行者　大森 浩司
発行所　株式会社 ヴォイス　出版事業部
〒106-0031
東京都港区西麻布3-24-17 広瀬ビル
☎ 03-5474-5777（代表）
FAX 03-5411-1939
www.voice-inc.co.jp
印刷・製本　映文社印刷 株式会社

ISBN978-4-89976-574-5